全球化视阈下文化交往战略研究

刘 鹤／著

吉林大学出版社
·长春·

图书在版编目（CIP）数据

全球化视阈下文化交往战略研究 / 刘鹤著. -- 长春：吉林大学出版社，2021.9
ISBN 978-7-5692-8817-9

Ⅰ.①全… Ⅱ.①刘… Ⅲ.①文化交流—文化发展战略学—研究—世界 Ⅳ.①G115

中国版本图书馆CIP数据核字(2021)第179393号

书　　名：全球化视阈下文化交往战略研究
QUANQIUHUA SHIYU XIA WENHUA JIAOWANG ZHANLÜE YANJIU

作　　者：刘　鹤　著
策划编辑：黄国彬
责任编辑：柳　燕
责任校对：宋睿文
装帧设计：刘　丹
出版发行：吉林大学出版社
社　　址：长春市人民大街4059号
邮政编码：130021
发行电话：0431-89580028/29/21
网　　址：http://www.jlup.com.cn
电子邮箱：jdcbs@jlu.edu.cn
印　　刷：天津和萱印刷有限公司
开　　本：787mm×1092mm　　1/16
印　　张：11
字　　数：170千字
版　　次：2021年9月　第1版
印　　次：2021年9月　第2次
书　　号：ISBN 978-7-5692-8817-9
定　　价：58.00元

版权所有　翻印必究

前　言

全球化是时代发展的必然，全球化无疑是我们观照文化交往问题的重要视阈或语境。如何认识全球化时代的文化交往，如何在这种文化交往中既保持民族性又体现世界性，成为我们亟待解决的重大问题。文化交往作为表征人类生存和发展的方式，在人类历史发展的过程中，发挥着不可替代的作用。近代以来，随着科技的迅猛发展与资本在全球的扩张，人类社会进入了世界性的普遍交往阶段，这为世界各个地区、民族和国家之间的文化交往实践活动提供了新的基础和搭建了崭新的平台。而这种异质文化间的交流与互动、碰撞与冲突、同化与融合，则使全球文化交往问题凸显成了当今世界发展中的主要问题之一。全球化视阈下文化交往的本质是什么？以西方为主导的文化交往中，西方文化交往战略是什么？中国在全球文化交往中应葆有怎样的文化自觉和文化自醒？文化交往战略对于中华民族文化复兴具有怎样的意义？中国该如何对待、参与这种全球文化交往成为一种问题。

有鉴于此，本书以马克思主义为指导，在马克思"世界历史"理论视角下，运用历史与现实相贯通、国际与国内相关联、理论与实际相结合的研究方法，在吸收和汲取以往思想家的理论和研究成果的基础上，对全球化视阈下文化交往战略问题进行了较为系统的研究。

本篇论文的主体部分由五章构成：

第一章主要探讨了文化交往战略的相关概念。着力解决什么是文化，何为交往，文化交往战略的构成包括哪些等问题，对这些问题的探析为系统和科学地研究文化交往战略问题奠定了前提和基础。本章在对文化概念的词源学考究和一般性界定的基础上，从生成性意义上揭示了文化作为人类实践活动的产物，其是各民族在改造对象世界的过程中创造和积累起来的生存和发展的智慧。在唯物史观范畴内对交往概念的解析，重点指出了交往的实践本性、人的主体性和对生产力发展的推动作用。明确了文化交往战略，其是指一个民族国家在一定时期内，在对国内国际形势分析研判的基础上，为了在文化交往中传播、发展自身的文化，以文化交往战略指导思想为指引，科学确立文化交往战略目标，制定有效文化交往战略措施的宏观与整体规划。从文化交往战略的整体构成来看，文化交往战略目的是整个战略体系的核心和基础，是一个民族国家制定和实施文化交往战略的出发点和归宿；文化交往战略原则作为达到一定的文化交往战略目的而实施的行动纲领，是文化交往战略目的的体现和表征；文化交往战略措施作为战略实施方式和手段，是文化交往战略目的得以实现的路径和保障。

  第二章主要是对全球化与文化交往历程的概说。着重探讨马克思恩格斯的全球化思想包括哪些，全球化的发展趋势是什么，文化交往的历程包括哪些，马克思恩格斯全球化思想下文化交往的内在机理是什么等问题。对这些问题的探究既是深化对全球化这一人类社会发展现象认识的必然要求，亦是研究文化交往战略问题的实践使然。本章明确指出生产力、社会分工和交往的发展为全球化提供了必要的物质基础，资本和资本主义的推动使全球化变为现实。截至目前，全球化的发展经历了形成、拓展和当代发展三个阶段，与此相对应，世界文化交往顺次经历了商业资本主义时代的"重商主义"主导下的文化交往、产业资本主义时代的"自由贸易"主导下的文化交往、金融资本主义时代的"新自由主义"主导下的文化交往。资本在全球范围内的增值和扩张为文化交往的生成奠定了基础；人的世界历史性生成加速了文化交往进程；先进的交通工具和通信技术的运用为文化交往的实现提供了条件；经济、政治交往的需要构成了文化交往的发展动力。

  第三章主要是对全球化视阈下文化交往战略的理论阐释。力图从学理层面阐释和剖析不同民族国家文化交往战略理论这一涉及整个研究的理论基础的核心问题。本章揭示了西方发达国家利用其在全球化中的主导地位，以文化普遍主义为指导原则谋求西方文化普世化；以文化中心主义为价值取向鼓吹西方文化优越论；以文化同质化为目标定位妄图实现文化扩张目的的战略理论思想。广大发展中国家受制于全球化中的被动地位，以文化相对主义为指导原则固守民族文化独特性；以文化保守主义为价值取向倡导民族文化本土性；以文化异质化为目标定位意图实现文化自保目的的战略理论思想。无论是西方发达国家的文化交往扩张战略，还是发展中国家的文化交往自保战略，都是以两极对立的思维方式处理文化交往问题，这不仅背离了文化交往的原初之意，而且阻碍和破坏了世界文化交往的正常发展。在和平、发展、合作、共赢为时代潮流的背景下，民族国家文化交往走向共赢应成为我们的理论自觉。这就要做到：以"和而不同"为指导原则追寻文化的和谐；以文化进步主义为价值取向达致文化的共生；以文化整合化为目标定位力图实现文化共赢目的。

第四章主要是对全球化视阈下西方发达国家文化交往战略的现实审视。本章立足于全球化进入了新自由主义主导的发展阶段的时代背景，着重探析了西方发达国家文化交往战略及其实施策略，揭示了其主要文化交往目的是什么、对我国文化发展有何影响？对这些问题的研究和探讨，既是认清西方发达国家文化交往战略本质的需要，也为探寻构建当代中国文化交往战略提供镜鉴与启示。西方发达国家文化交往战略作为国际垄断资本维护与扩张霸权利益的战略，其战略策略以"普世价值"为思想基础、以征服世界为终极目标、以文化输出为重要手段。西方发达国家利用其在世界文化交往中的支配地位和主导权，在文化交往中奉行冷战思维、遵循丛林法则、倡导零和博弈，从而导致了文化霸权主义的盛行，文化民族主义的迷失，文化多样性的破坏，弱势民族国家文化安全受到冲击。全球化在促进人类社会发展的同时，也引发了一系列问题，这些问题给人类社会的发展带来了极大的挑战，主要包括"逆全球化"的挑战，全球性问题的挑战，"三大赤字"的挑战，这些挑战亦使西方发达国家文化交往战略遭遇难题陷入困境。

第五章主要是对当代中国文化交往战略抉择的研究。重点探究当代中国文化交往战略的长远目标、基本原则及其推进措施。对这些问题的探究，既是对西方发达国家文化交往扩张战略、发展中国家文化交往自保战略的积极扬弃，又是对新型全球文化交往战略的理论回应与实践建构。当代中国文化交往战略要将为中华民族伟大复兴奠定精神基础、为提升国家文化软实力提供支撑和为人类文明进步贡献力量作为长远目标。当代中国文化交往战略要遵循坚守中华文化立场原则，彰显文化交往战略的民族性与主体性；坚信马克思主义文化观原则，确保文化交往战略的科学性；坚定牢牢把握意识形态工作领导权原则，掌握文化交往的主导权和话语权；坚持"和而不同"原则，积极构建全球文化交往新生态。当代中国文化交往战略要体现时代性，契合时代发展的诉求；要蕴含世界性，顺应世界发展的潮流；要以习近平新时代中国特色社会主义思想为指导，确保文化交往的社会主义文化的性质和方向；要以"人类命运共同体"理念为依托，确保文化交往不仅要符合全球化的大趋势，更要符合各国人民的根本利益；要以"一带一路"倡议为载体，确保文化交往真正落到实处，为实现中华民族伟大复兴的中国梦，世界文化的繁荣发展做出贡献。

目 录

引 言 ·· 1
 一、研究缘起 ·· 1
 二、研究现状 ·· 5
 三、研究设计 ·· 16

第一章　文化交往战略的相关概念探析 ·························· 21
 一、文化概念厘定 ·· 21
 二、交往概念解析 ·· 24
 三、文化交往战略构成解读 ·· 28

第二章　全球化与文化交往历程概说 ······························ 32
 一、马克思恩格斯的全球化思想 ································ 32
 二、全球化的历史进程探究 ·· 38
 三、文化交往的历程考察 ·· 42
 四、马克思恩格斯全球化思想下文化交往的内在机理 ·········· 56

第三章　全球化视阈下文化交往战略的理论阐释 ············ 70
 一、西方发达国家文化交往战略的理论剖析 ·············· 70
 二、发展中国家文化交往战略的理论反思 ·················· 76
 三、民族国家文化交往战略的理论遵循 ······················ 85

第四章　全球化视阈下西方发达国家文化交往战略的现实审视……92
  一、西方发达国家文化交往战略的现实策略……92
  二、西方发达国家文化交往战略的弊端剖析……97
  三、西方发达国家文化交往战略的现实挑战……105

第五章　当代中国文化交往的战略抉择……116
  一、当代中国文化交往战略的长远目标……116
  二、当代中国文化交往战略的基本原则……122
  三、当代中国文化交往战略的实施策略……130

结　　语……149

参考文献……152

后　　记……165

引　言

一、研究缘起

（一）研究背景

每个时代都有其所要面对和解决的现实问题，一般而言，人们对现实问题的思考和回答都有一定的时代背景，都同人类社会的发展和文明的进步紧密相连。马克思说，问题是时代的口号，是时代的格言，是表现时代自己内心状况的最实际的呼声。文化交往问题作为关乎民族、国家和人类生存和发展的一个重大的全球性的理论问题和实践难题，就是对这种"时代口号"的最好诠释。当前人类社会发展进入了全球化时代，全球化无疑是我们观照文化交往问题的重要视阈或语境。如何认识全球化时代的文化交往，就成了我们亟待解决的重大问题。正如约翰·汤姆林森所指出："我们这个时代所经历的，由全球化所描绘的巨大的转型式进程，除非从文化的概念性词汇入手，否则就很难得到恰如其分的理解。"[1]

文化交往作为表征人类生存和发展的方式，在人类历史发展的过程中，发挥着不可替代的作用。著名人类学家弗朗兹·博厄斯认为，"人类的历史证明，一个社会集团，其文化的进步往往取决于它是否有机会吸取邻近社会集团的经验"[2]。作为人类文化的存在样态，文化交往古已有之，但是，早期的文化交往囿于各种主客观条件的限制，只能在人类世界

---

[1] 约翰·汤姆林森.全球化与文化[M].郭英剑，译.南京：南京大学出版社，2002：1.
[2] 转引自斯塔夫里阿诺斯.全球通史——1500年以前的世界[M].吴象婴，梁赤民，译.上海：上海社会科学院出版社，1988：57.

的局部地区和狭小的范围内发生。15世纪后期，随着哥伦布远航发现新大陆，世界各民族之间的交往日益增多与频繁，特别是随着资本主义在全球的扩张，人类社会进入了全球交往的时代。进入20世纪以来，随着科技的迅猛发展与资本在全球的新一轮扩张，人类社会进入了世界性的普遍交往阶段，这为世界各个地区、民族和国家之间的文化交往实践活动提供了新的基础和搭建了崭新的平台。而这种异质文化间的交流与互动、碰撞与冲突、同化与融合，则使文化交往问题凸显，成为当今世界发展中的主要问题之一。

总体来说，全球化视阈下文化交往研究主要波及如下问题：全球化时代，民族国家间文化交往经历了哪些发展阶段？全球化时代，民族国家间文化交往的生成机制（如何发生的）、动力机制（如何发展的）和实现机制（如何实现的）是什么？全球化时代，民族国家文化交往战略的思想基础是什么？民族国家文化交往战略体现什么样的价值取向？民族国家文化交往战略要实现何种目的？全球化时代，民族国家间文化交往战略要满足哪些时代诉求、陷入了哪些时代困境、要破解哪些时代难题？简言之，这一系列问题共同构成了全球化时代民族国家间文化交往实践中的主要问题场或问题域，而如何回应这些问题，则成了我们时代的重要任务和使命。

这里需要明确指出，2008年特朗普当选美国总统以美国为震源的金融危机爆发后，欧美各国相继出现了民粹主义上升、贸易保护主义抬头、经济及社会政治领域民族主义复苏的迹象，特别是以英国脱欧公投等"黑天鹅"事件为标志，全球化出现了退潮现象，即"逆全球化"现象。"逆全球化"现象的出现，无疑给世界未来和人类社会的发展蒙上了一层阴影。人们不得不思考，我们是谁、要到何处去，人类社会从哪里来、到哪里去，世界怎么了、我们怎么办等根本问题。这意味着，"逆全球化"现象表征着，人类社会处在了一个大发展大变革大调整时代，新的时代、新的发展和新的使命为民族国家间文化交往提出了更高的要求与期待。中国作为世界上最大的发展中国家，应当为破解"逆全球化"现象贡献中国智慧、中国理念和中国方案。党的十八大以来，以习近平同志为核心的党中央围绕改革发展稳定、内政外交国防等方面形成了一系列治国理政的新理念、新思路和新战略，党的十九大对其做出了新的概括，凝练为"习近平新时代中国特色社会主义思想"，其中关于构建"人类命运共同体"理念、"一带一路"倡议、构建新型国际关系思想等成为党引领时代发展的重要纲领和行动指南。这也为我们研究当代中国文化交往战略问题提供了宏观背景和时代课题，同时亦是促使我们展开本书研究的根本目的之所在。

（二）研究意义

文化交往作为人类社会独有的现象，表征着人类生存和发展的状态，在人类历史发展的过程中，发挥着不可替代的作用。在全球交往日益深入发展的今天，文化交往逐渐成为人们研判人类社会文明进步的重要标尺。有鉴于此，对全球化时代的文化交往战略问题做全面、具体和系统的研究，具有重大理论与实践价值。

第一，有助于我们科学认识和把握全球化的历史发展进程，进而有利于揭示全球化时代文化交往问题的内在本质和规律。当今时代，文化交往已经走向了全球化时代，这已成为无可争辩的事实。但全球化时代的文化交往是一个极其复杂的现象和过程，它既表现为各民族国家文化之间的冲突，又表现为各民族国家文化之间的融合；既表现为文化的"特殊主义的普遍化"，又表现为文化的"普遍主义的特殊化"；既表现为文化的普遍性，又表现为文化的相对性；既表现为文化的全球主义，又表现为文化的民族主义等方面。这些问题对民族国家文化的发展和世界文化未来的走向都产生了深远的影响。因此，对全球化时代文化交往问题的内在本质及其规律的探讨和研究，就成了我们亟待解答的重要问题。

第二，有助于澄清学术界的各种理论是非，顺利推进全球化时代文化交往问题的研究。20世纪90年代以来，随着全球化进程的不断深入，民族国家间文化交往问题日益引起了学者们的广泛关注和重视，文化问题（当然也包括文化交往问题）成了人们考察全球化的一个重要视角和维度。以美国为首的西方发达国家从西方文化中心主义立场出发，推行文化扩张战略，将全球化等同于"西方化"或"美国化"，导致文化霸权主义的横行，以广大发展中国家为代表的弱势民族国家文化，从民族主义本位出发，采取了文化自保的战略，致使文化民族主义的迷失，甚至出现了极端的文化宗教激进主义。此外，全球化时代民族国家文化交往中，还产生了文化普遍主义与文化相对主义之争、文化保守主义与文化进步主义之辨、文化一元论与文化多元论之争等问题。在理想与现实、主观与客观、历史与未来的相互交织下，致使对问题的研究还存在一些理论上的困惑和混乱，这些困惑和混乱，亟待我们做一个系统的梳理和较为清晰的论证。因此，对全球化时代文化交往战略问题的系统分析和考察，也是澄清众多理论困惑和混乱，从而推进具体研究的需要。

第三，有助于对马克思主义相关理论的丰富和发展。全球化时代民族国家间文化交往中出现了一些新现象、新问题和新特征，这些都与以往人类文化交往现象存在极大的不同，如全球化时代文化交往的本质问题、机制问题、基本规律问题等，在以往的文化交往问题研究中，并没有予以特别的重视。当今时代，这些问题的呈现，理应成为马克思主义理论研究的理论旨趣和价值诉求。此外，近年来出现的"逆全球化"现象、民粹主义上升、贸易保护主义抬头、经济及社会政治领域民族主义复苏倡议等问题，也都是全球化时代民族国家文化交往过程中出现的新课题，这些都需要马克思主义理论给予及时的回应，这必然会丰富和发展马克思主义理论。

第四，有助于为促进世界的和平与发展提供借鉴。和平、发展和善治，是人类社会发展的永恒主题与不懈的奋斗目标。当今世界充满不确定性，各种失序和失范成为国际社会的"新常态"。正如习近平总书记所指出："我们正处在一个挑战频发的世界。世界经济增长需要新动力，发展需要更加普惠平衡，贫富差距鸿沟有待弥合。地区热点持续动荡，恐怖主义蔓延肆虐。和平赤字、发展赤字、治理赤字，是摆在全人类面前的严峻挑战。"[1]因此，加强全球化时代文化交往战略问题研究，消除不利于民族国家间文化交往的障碍和因素，探寻和构建有利于民族国家间文化交往顺利实现的合理机制，对彻底转变国际旧秩序，构建国际新秩序，积极加强世界各国的相互理解、共同发展、共享繁荣，促进当今世界和平与发展具有重大的意义。

---

[1] 习近平.习近平谈治国理政（第二卷）[M].北京：外文出版社，2017：508-509.

二、研究现状

20世纪90年代以来，随着全球化进程的不断深入，民族国家间文化交往问题日益引起了学者们的广泛关注和重视，文化交往问题成了人们观察人类社会发展和考察全球化的一个重要视角和维度。现将国内外关于文化交往问题的研究状况综述如下。

（一）国外研究现状

国外学者以全球化为视阈，着重探讨了在民族国家间文化交往过程中所呈现出的几种趋势或现象，主要包括同质化、异质化或多元化、混合化或整合化。

1.对文化交往所凸显的同质化探讨。持有"同质化"观点的学者主要包括弗朗西斯·福山（Francis Fukuyama）、约翰·汤姆林森（John Tomlinson）等。

美国著名学者弗朗西斯·福山在其著作《历史的终结及最后之人》中提出了"历史终结论"。"历史终结论"作为一种独断论，其表征的是以西方文化特殊性取代人类文化普遍性的文化"同质化"价值寻求，从其本质上看，其秉持的是一种"西方文化中心主义立场"，是一种在民族国家文化交往中的西方文化优越感的具体体现。事实上，人类历史的发展证明，"历史不会终结，或者不可能被任何以自我利益为重的意识形态的简单呓语引向终结"。[1]

约翰·汤姆林森对"文化帝国主义""全球文化"等问题进行了专门的研究。约翰·汤姆林森在其著作《文化帝国主义》中，从四种话语体系剖析了文化帝国主义："媒介帝国主义"话语体系；"民族国家"话语体系；"批判全球资本主义"话语体系；"现代性的批判"话语体系。

约翰·汤姆林森认为，帝国主义已被"全球化"取而代之，文化帝国主义变成了文化的全球化，对此他指出："我们先前所讨论的种种关于

---

[1] 斯图亚特·西姆.德里达与历史的终结[M].北京：北京大学出版社，2005：97.

文化帝国主义的论述，其实可以从全球势力之不同方位结构来加以诠释；这样的方位结构，正是这些'崭新的时代'的特征，它取代了我们熟知的所谓'帝国主义'的全球势力分布图。直到20世纪60年代，帝国主义这个词正足以形容时代之特征，但现在，'全球化'已经取而代之。"[1]约翰·汤姆林森认为，"全球化"这种文化的影响代表了一种解放的力量，是全球化时代文化交往中一种不可避免的文化宿命。约翰·汤姆林森关于文化帝国主义的批判为人们深入了解全球化时代文化问题提供了崭新的视角，但其思想却表现出浓厚的西方文化中心主义色彩，其批判的目的不在于消解文化帝国主义，而是为了更好地维护文化帝国主义理论与实践。正如约翰·汤姆林森在其著作《全球化与文化》中指出，"文化与差异是偶然的而非必然的联系。文化的职能并不仅仅是差异的确立和维持"，因为"差异并非起于文化实践的目的，而不过是它的后果罢了。文化工作有可能产生差异，但这跟我们说'文化是在差异上建立起来的'却不是一回事"。[2]显而易见，约翰·汤姆林森持有的文化交往必然实现文化同质化的独断论思想多么强烈。

2.对文化交往所凸显的异质化或多元化的探讨。持有"异质化"观点的学者主要以塞缪尔·亨廷顿（Samuel P. Huntington）为代表。

塞缪尔·亨廷顿，从现代世界文化冲突或文明冲突的视角入手，阐述了民族国家间文化交往过程中，文化的异质化或文化的多元化思想。亨廷顿认为，普世主义的文化或普世文明是不可能实现的，并进而指出当前的全球化世界只能是一个多元文化的世界。在多元文化共存的基础上，亨廷顿提出了著名的"文明冲突"的范式，并用以理解全球化时代的文化交往问题。

亨廷顿认为，冷战结束后，"非西方文明"将联合起来反对以美国为首的西方文明，最终将引发全球性的战争。在其著作《文明的冲突与世界秩序的重建》一书中，亨廷顿指出，冷战结束之后，"最普遍的、重要

---

[1] 约翰·汤姆林森.文化帝国主义[M].冯建三等，译.上海：上海人民出版社，1999：328.
[2] 约翰·汤姆林森.全球化与文化[M].南京：南京大学出版社，2002：97-98.

的和危险的冲突不是社会阶级之间、富人和穷人之间，或其他以经济来划分的集团之间的冲突，而是属于不同文化实体的人民之间的冲突"。[1]亨廷顿的"文明冲突"思想，反映了处于全球化时代的世界文化所具有的矛盾性和冲突性的特征，也充分体现了民族国家文化存在特殊性和异质性的客观事实。从这种意义上说，亨廷顿的"文明冲突"思想无疑对我们研究和探讨全球化时代的文化交往问题具有重要的启迪意义。但是，亨廷顿的"文明冲突"范式，带有鲜明和强烈的西方文化中心主义和西方文化优越论的思想，其把多元文化的差异性绝对化，站在西方文化中心主义立场和西方文化优越感的视角来看待非西方民族国家文化，消极地用文化多元化的特征来重建世界秩序，忽略了非西方民族国家文化存在的合理性，这使得"文明冲突"思想在理论上导致荒谬，在实践上陷入困境就在所难免了。

3.对文化交往呈现的混合化或整合化的探讨。持有"混合化"观点的学者主要以罗兰·罗伯森（Roland Robertson）、哈拉尔德·米勒（Harald Müller）为代表。

罗兰·罗伯森是在文化的多元化或文化多样性的前提下讨论文化问题的。他主要考察了全球化时代的文化的同质性与异质性、文化的全球性与地方性和文化的普遍性与特殊性的关系问题。罗兰·罗伯森认为，在全球化时代文化交往呈现出文化混合化或文化整合化的情形，即"特殊主义的普遍化和普遍主义的特殊化这一双重过程"。[2]所谓特殊主义的普遍化，"意味着认为特殊性、独特性、差异性和他者实质上没有限度这一思想的广泛扩散"。质言之，就是各地方文化（各民族文化）放弃文化本质主义或不固守特殊性文化诉求，以主动的姿态融入全球文化交往过程中，那么，某一些特殊性的文化理念或文化价值就会获得全球普遍性。特殊主义的普遍化所倡导的是多元文化，是"普世文化"的前提，地方文化（民族文化）是"普世文化"的基础。所谓普遍主义的特殊化，"包含了普遍性

---

[1] 塞缪尔·亨廷顿.文明的冲突与世界秩序的重建[M].周琪等,译.北京:新华出版社,2002:7.
[2] 罗兰·罗伯森.全球化:社会理论和全球文化[M].上海:上海人民出版社,2000:147.

的东西被赋予全球人类具体性这一思想"。质言之，就是某种全球性的价值理念或价值观念可以地方文化化（民族文化化）。普遍主义的特殊化所倡导的是任何普遍性都是基于差异性基础上的普遍性，不存在脱离具体地方文化（民族文化）的世界文化，各地方文化（民族文化）都是通过自身的方式分有世界文化的。

罗兰·罗伯森对于同质性与异质性、文化的全球性与地方性和文化的普遍性与特殊性的关系问题的理解，既与弗朗西斯·福山的"历史的终结论"所强调文化同质化或文化普遍主义的价值追求不同，又与塞缪尔·亨廷顿的"文明冲突"思想所强调的文化异质化或文化特殊主义的价值诉求有别，他试图在承认文化多元化或文化多样性的基础上，超越文化普遍主义与文化特殊主义之间的对立，并在二者之间为全球化时代文化交往问题寻求答案。"现代世界的民族主义并非成功的昔日文明。它们是既想……同化为普遍……同时又想……固守特殊性即重新发明差异这种要求的模糊表达。确实，它是经由特殊主义到达的普遍主义和经由普遍主义到达的特殊主义"。[1]

哈拉尔德·米勒在其著作《文明的共存：对塞缪尔·亨廷顿"文明冲突论"的批判》中指出，尽管不同文化背景的国家之间也许会产生国家和种族之间的冲突，但是，文化因素绝对不是政治舞台上的活跃分子，文化因素的影响将取决于国家和政治对待文化因素的态度。基于此，米勒提出了"文明共存论"，他认为，不同文化之间应该更多地进行合作，因而不是文化的对抗，而是文化的共存与对话，只有文化间表现出更多的宽容与包容，全球的和平共存才能得以实现。哈拉尔德·米勒所提倡的"文明共存论"反映了时代发展的要求，符合人类文明发展的要求，对于推动世界文明的共同发展具有积极的意义。

当然，国外学界对于文化交往问题的研究和探讨除了上述几位学者外，爱德华·萨义德的"东方主义"和"文化与帝国主义"、伊曼纽尔·沃勒斯坦的现代世界体系与"文化转型"、查尔斯·泰勒的"承认的

---

[1] 罗兰·罗伯森.全球化：社会理论和全球文化[M].上海：上海人民出版社，2000：139.

政治"、迈克·费瑟斯通的"消费文化"、乔纳森·弗里德曼的"全球性过程与文化认同"等成果,同样也波及了文化交往问题。

(二)国内研究现状

国内关于文化交往问题的研究亦兴盛于20世纪90年代。随着塞缪尔·亨廷顿提出"文明冲突论"之后,学术界掀起了文化交往研究的热潮,并取得了较为丰硕的研究成果。主要包括:费孝通的《我为什么主张"文化自觉"》《关于"文化自觉"的一些自白》《反思·对话·文化自觉》《"美美与共"和人类文明》(上、下);汤一介的《"文明的冲突"与"文明的共存"》《文化交流与人类文明进步》《全球伦理与文明冲突》;乐黛云的《文化相对主义与"和而不同"原则》《全球化趋势下的文化多元化》《全球霸权理论与文化自觉》《中国文化如何才能面向世界》《文化自觉与中西文化会通》《文明因交流互鉴而多彩》;丁立群的《全球化的文化选择》《文化进步主义:全球化时代的哲学理念》《普遍价值:全球化背景下多元文化选择的新坐标》;丰子义的《全球化过程中的文化诉求》《全球化与当代社会发展新变化》《全球化与民族文化的发展》;李德顺的《超越"两级对立"的文化出路》《面对全球化的我国文化价值观定位》《全球化背景下的价值观冲突与人文精神》《全球化与多元化——关于文化普遍主义与文化特殊主义之争的思考》;李鹏程的《文明间交往中价值沟通障碍的清除》;万俊人的《经济全球化与文化多元论》《全球化与文化多元论》《全球化中的"现代心态"与"文化乡愁"》;叶险明的《"文化全球化"辨析》《世界历史视野中的东西方民族主义》;邹广文的《论文化的普遍价值与个性发展》《全球化、文化个性与文化主权》《全球化时代的消费文化》《文化主体、环境与态度——从中西文化交流看文化交流的主体间性及其原则》《文化自觉与文化自信全球化时代文化软实力建构路径》《全球化时代如何守护文化多样性》《中国传统文化的当代绽放——论文化互联互通的重要时代意义》;许全兴的《大胆吸取和借鉴当代西方文明——兼谈文化交往的一个规律》;周杨的《和谐文化在文化交往中的作用》;叶玮的《科技进步下的文化交往》;姚介厚的《跨文化交往和世界文明共同进步》;彭金富的《跨文交往中的文化认同》；李佩环的《论全球化时代文化交往的实现机制》《论文化交往的实质与意义》《论文化交往的主体实现机制》《文化混合化：全球化时代文化交往的新趋向》《走进文化交往的全球化》《文化交往的生成发展及其现实确证》；张文雅的《马克思主义中国化文化交往思想研究》；闵捷的《浅析全球化时代文化交往的困境》；李俏《全球化背景下中西文化交往的困境与对策》；倪志娟的《全球化时代的文化交往与文化整合》；苗春凤《全球化时代人类文化交往实践的价值取向》；贺金瑞的《文化交往全球化》；庄博然的《文化交往全球化中的文化认同问题研究》；蔡俊生的《文化模式与文化交往》；刘煜昊、张文雅的《信息时代文化交往的困境及其和谐拓展》；王玉鹏、孟献丽的《基于文化交往的文化软实力建设路径探析》；王来金的《论全球交往对世界文化生态的影响》；唐冰开、刘炳恩的《全球化背景下文化价值冲突的实质》；钟淑洁的《全球化时代的文化价值选择》；肖琴的《全球化时代文化交流的哲学思考》；邹高飞《全球化与多元文化共存》；种海峰的《时代性与民族性——全球交往格局中的文化冲突问题研究》；任思奇的《中国特色社会主义文明交往理论研究》；苏国勋、张旅平、夏光的《全球化：文化冲突与共生》；陈文殿的《全球化与文化个性》；等等。以上著作和论文主要展现了如下几个方面的研究。

第一，关于全球化时代文化交往与文化自觉的研究。费孝通先生在《我为什么主张"文化自觉"》和《关于"文化自觉"的一些自白》文章中，详细阐述了其对"文化自觉"的理解。费孝通先生认为，文化自觉主要是指生活在一定文化中的人对其文化有"自知之明"的意思。他将文化自觉的要义阐释为"各美其美、美人之美、美美与共、天下大同"16个字。汤一介先生在《"文明的冲突"与"文明的共存"》一文中指出，所谓"文化自觉"是指在一定文化传统中的人群对其自身的文化来历、形成过程的历史以及其特点（包括优点和缺点）和发展的趋势等等能作出认真的思考和反省。乐黛云先生在《文化自觉与中西文化会通》一文中指出，文化自觉不仅在于理解与把握自己文化的根和种子，更在于依据现代认知和需要来诠释自己的文化历史。中西方普遍的文化自觉，有望使人类社会出现一个全球多极均衡、多元文化共存的新的文明。上述关于文化自觉的阐释无疑为我们探讨和研究全球化时代文化交往问题提供了思路和方法。

第二，关于全球化时代文化交往呈现的文化样态研究。丁立群教授在《文化进步主义：全球化时代的哲学理念》一文中指出，全球化的主要矛盾是同质化与异质化之间的紧张关系，其主要表现为文化相对论与文化进化论之间的对立，二者都表现出诸多的弊端，为此，应从综合文化相对论和文化进化论的高度同时扬弃和超越它们，这一新的文化观念就是文化进步主义。学者李佩环在《文化混合化：全球化时代文化交往的新趋向》一文中，通过对文化同质化与文化异质化这两种紧张关系的剖析，明确提出了全球化时代文化交往走向文化混合化的新趋向。学者倪志娟在《全球化时代的文化交往与文化整合》一文中认为，随着全球化时代的到来，人类文化交往的时空界限被打破了，文化整合既是全球化过程的必然现象，又是民族国家文化的根本出路。

第三，关于全球化时代文化交往与文化冲突的研究。学者种海峰的《时代性与民族性——全球交往格局中的文化冲突问题研究》一书，是目前学术界为数不多的关于全球化时代文化冲突问题的专门研究。他在书中分别探讨了全球交往格局中文化冲突的理论与历史，全球交往格局中文化冲突的原因、形式与规律，全球交往格局中文化冲突的两种相位（共时态文化冲突和历时态文化冲突），全球文化冲突中的民族文化心态，全球交往格局中的文化冲突与普遍主义的追寻，从文化冲突到文化和谐等。此外，学者苏国勋、张旅平、夏光在《全球化：文化冲突与共生》一书中，也对全球化时代的文化冲突问题进行了十分详细的探讨和研究。他们认为，文化冲突只是全球化背景下的一种文化现象，而随着全球化的深入发展以及全世界各个民族和国家的共同努力，文化冲突可以在一定程度上得到缓解，同时将促进各个民族和国家的文化之间的相互融合。因此，他们主张民族文化的发展应走"和而不同"的道路，既坚持文化自主的"各美其美，美人之美"，又做到文化自觉的"美美与共，天下大同"。

第四，全球化时代文化交往与文化多元或多样性研究。乐黛云先生在《全球化趋势下的文化多元化》一文中，论述了在全球化时代文化多元发展的必要性，并指出"文化孤立主义"与"文化霸权主义"是全球化时代文化交往中两种危险的文化诉求，进而提出了应该在全球意识观照下实现文化多元发展的思想。邹广文教授在《全球化时代如何守护文化多样性》一文中认为，在全球化时代，守护文化多样性，是关系到人类文化发展的重大问题，为此，应做到注意把握文化个性与普遍性、民族性与世界性之间的合理张力；不同文化间要保有宽容的精神；不同民族国家文化间要积极倡导有创建的交流、理解与对话。学者邹高飞在《全球化与多元文化共存》一文中指出，文化之间的融合是必然趋势，文化之间的差异性并不必然导致文化冲突，相反，文化之间的差异有利于文化间的交流与互鉴并促进民族国家文化的发展，因此，在全球化时代，文化多元和谐共存对人类社会的发展至关重要。

第五，全球化时代文化交往与文化软实力研究。邹广文教授在《文化自觉与文化自信全球化时代文化软实力建构路径》一文中认为，构建文化软实力是中国步入全球化发展时代的紧迫任务，要提高中国的文化软实力，就要坚定文化自信，坚守文化之"本"，培养稳定的文化价值系统，为此，就要在宏观层面上把握好中国文化建设所处的历史方位，在中观层面上扩大中华文化的影响力，在微观层面上做好现代人的塑造。学者王玉鹏、孟献丽在《基于文化交往的文化软实力建设路径探析》一文中认为，全球化时代民族文化之间的交流和碰撞加剧，各个民族的文化自我意识的觉醒，引起了各个民族对文化软实力构建的重视，为此，应该从文化交往出发，既注重对传统文化的继承与发扬，又注重对外来文化的借鉴与吸收，大力推进我国文化软实力建设。

第六，关于加强全球化时代文化交往的重大意义研究。乐黛云先生在《文明因交流互鉴而多彩》一文中认为，文明交流互鉴是推动人类文明进步和世界和平发展的重要动力。文明因交流而多彩，文明因互鉴而丰富。世界各国应在明确自己本民族文化主体意识的基础上，通过对话沟通，增强文化间的理解和包容，从而实现文化的共赢互通，并最终形成全球文化共同繁荣的格局。学者姚介厚在《跨文化交往和世界文明共同进步》一文中认为，深入开展对跨文化交往的理论研究，有助于树立合理的"文明交往观",从而增进世界不同文明的合理交往与对话,促进世界文明的共同发展。

这里需要明确指出,近年来随着"一带一路"倡议和"人类命运共同体"理念的提出,学者们以此为契机展开了对文化交往问题的研究,其中代表性的成果主要包括:学者任思奇、徐静涵在《"一带一路"倡议意义深远》一文中指出,人类文明的发展进入了全球化程度不断加深和世界范围内的普遍交往不断扩大的阶段。在这个重要的历史时期,习近平总书记提出了"一带一路"倡议,这一倡议表明当代中华文明的对外交往是经济交往与文化交往、全球化与本土化、传承与创新三个方面的辩证统一。学者田文林在《"一带一路":全球发展的中国构想》一文中指出,"一带一路"倡议体现出全球发展的中国理念:一是强调世界各国"共同富裕",有助于缓解南北矛盾;二是强调地缘经济整合,有助于缓解欧亚大陆碎片化后遗症;三是倡导"民心相通"和兼容并蓄,有利于创造新型文明观。学者陈曙光在《"一带一路":中国与世界》一文中指出,"一带一路"倡议来自中国,成效惠及世界。这一伟大倡议,不仅关乎资本主义世界化的终结,也关乎新型全球化的开启;不仅关乎民族文化的交流互鉴,也关乎世界新文明的出场。学者赵波、张春和详细阐述了世界文化交往思想的分析视角(资本运动和民族交往)和框架(包括主体要素、动力要素、空间要素、实现形式、精神内核和交往效能等),并在此基础上论述了"一带一路"倡议的文化理路及其实现问题,并指出,可以从深化经济交往,巩固利益共同体、加强文化传播,凝聚价值共识、促进合作共赢,打造命运共同体三个方面,推进"一带一路"建设,促进沿线国家文化交往。

学者徐艳玲、李聪在《"人类命运共同体"视域下全球化与制度变迁的双向互动》一文中认为,"人类命运共同体"理念逐步形成于全球化与地方性制度变迁的互动中,全球化使世界各国的经济、政治、文化呈现出彼此交融、和合共存的多种样态。全球化促进制度变迁,制度变迁提升全球化质量,这一有机过程潜移默化于中国特色社会主义伟大建设实践中。正确把握这种实践,能够为中华民族伟大复兴的中国梦的早日实现奠基。学者刘晓楠在《打造人类命运共同体加强文明交流互鉴》一文中指出，打造人类命运共同体的理念的自信主要来自中国人民对道路、理论、制度和文化的自信；当前影响人类命运共同体建设的文化价值因素主要包括：对中国的误读、西方霸权文化、中西方文明的竞争、中国自身软实力与话语权不够强等；打造人类命运共同体的途径包括：中华文明与世界文明交流互鉴，用文化自信唤醒世界对中国的新认识，提高国际话语权、增强价值观自信等。学者陶小白在《论习近平人类命运共同体思想的交往理性特质》一文中指出，人类命运共同体思想包含着的三重交往意蕴和特质：其一，推进全球可持续发展的共生交往使其具备了共生性特质；其二，参与经济全球化中追求合作共赢的互利交往使其具备了互利性特质；其三，在全球文化交往中倡导包容、借鉴多样文明的对话交往使其具备了对话性特质。邹广文教授在《人类命运共同体与文化自信的心理建构》一文中指出，"人类命运共同体"通过扬弃陈旧的全球化秩序，为更深层次的跨文化交往提供了契机。在这种文化交往中，中国形成了自己的文化心理，明晰了自己的文化身份，并以此建构了坚实的文化自信。学者田江太在《论人类命运共同体的文化维度》一文中指出，构建人类命运共同体是全球文明转型的必然要求，要基于共赢逻辑的文化自觉，遵循尊重文明差异性和多样性的文明融合意识，体现共同性的共赢文化逻辑，处理好文化的差异性与融合性、文化的民族性与世界性、文化的多样性与统一性等辩证关系。学者姜丽在《构建人类命运共同体视野下的跨文化交流》一文中指出，在构建人类命运共同体背景下，跨文化交流的实践路径主要包括：着力提升中国文化软实力，为推动构建人类命运共同体提供内在驱动；主动构建国际文化新秩序，为推动构建人类命运共同体奠定价值基础；积极创设跨文化交流机制，为推动构建人类命运共同体提供平台支撑；遵循文化传播规律，切实提升构建人类命运共同体的传播效果；不断优化跨文化交流人才培养路径，为推动构建人类命运共同体提供智力保障。学者唐志龙在《文化自信推动人类命运共同体建设的价值考量》一文中指出，文化自信对推动人类命运共同体建设具有重大意义，从价值论视阈而言，文化自信是人类命运共同体建设的价值基石；文化自信规定着人类命运共同体建设的价值取向；文化自信拓展了人类命运共同体建设的价值实践。邹广文、刘文嘉在《文化哲学视域下的人类命运共同体研究》一文中指出，人类命运共同体作为超越民族、国家和意识形态之上的文化观，彰显着一种文化自觉，在保持推进各民族国家文化平等交往和确保各民族国家文化个性和资源不致丢失、不被同化、继续传承这三方面的张力的基础上，形成文明交流互鉴的格局。此外，党的十八大以来，习近平总书记就对外文化交往工作做出了一系列重要论述，形成了丰富成熟的对外文化交往思想。这主要包括：其一，文化交往要坚持"以我为主""兼收并蓄"。其二，文化交往要坚持"文明的多样性"。其三，文化交往要坚持"和而不同"。本书将在第五章第三节当代中国文化交往的实施策略部分详细介绍，这里就不赘述了。

综上所述，国内外学术界关于全球化时代文化交往问题的研究涉及众多学科领域，专家和学者分别从各自的理论视角对文化交往问题做了深入的探讨与分析，为笔者对该问题的进一步研究提供了丰富的理论资源与思维启示。但就总体而言，学术界和理论界从全球化视阈研究文化交往问题还不是很深入，系统论述的著作和文章还不是很多。笔者在收集整理有关文化交往问题研究的资料过程发现，目前，围绕文化交往问题形成系统研究的成果主要有：学者桂翔的博士论文《文化交往规律论》（以此为基础的著作《文化交往论》已于2011年由人民出版社出版），其研究主要从文化哲学视阈出发探讨了文化交往的相关问题，主要包括对文化与文化交往本质的解读、从交往实践出发探究文化交往的动力及实现形式、从文化信息流动的视角探讨文化交往的规律、探讨了文化交往过程中的文化冲突和文化融合现象。学者杨玲在其博士论文《文化交往论》中，从文化交往的本质界说、人类文化交往史的简要回顾、文化交往的本体之思、文化交往的问题视阈、文化交往的认识论反思、文化交往的中国之路等方面，对文化交往问题进行了详细的论述。学者李佩环的《全球化时代的文化交往及其走向》一书，目前是笔者所收集材料中，唯一从全球化视阈对文化交往展开系统研究的著作，此书从唯物史观出发，主要论述了文化交往的一般理论、文化交往的理论表达、文化交往的现实难题、中国文化的现代化路径反思等问题。

总之，对全球化时代文化交往问题的研究还刚刚起步，还没有形成对该问题研究的普遍认同的范式和统一的话语体系与理论系统。全球化时代，西方发达国家文化交往战略的本质是什么？西方发达国家文化交往战略的目的是带领人类共同发展与进步吗？西方发达国家的文化交往战略对广大发展中国家有何影响？广大发展中国家的文化交往战略是否得当？当代中国应该如何在扬弃以往民族国家文化交往战略的基础上，构建新型全球文化交往战略？当代中国文化交往战略的长远目标是什么？应遵循的基本原则是什么？应采取哪些措施？简言之，这一系列问题共同构成了全球化时代，民族国家间文化交往战略的主要问题场或问题域，对这些问题的研究还亟待深化和加强，这为本书提供了广阔的研究空间。

三、研究设计

（一）研究思路

本书以马克思主义为指导，坚持问题导向，从历史和现实相贯通、国际和国内相关联、理论和实际相结合的宽广视角，拟定研究思路如下。

首先，本书将对文化交往的本质、文化交往战略构成、全球化的起源与发展进程和文化交往历程等问题做必要的探究，对马克思恩格斯全球化思想下文化交往的内在机理做出系统阐释。这些探究和阐释一方面构成了系统和科学地研究文化交往战略问题的前提和基础；另一方面马克思恩格斯的全球化及其文化交往思想具有深厚的历史底蕴和强烈的现实指向性，其对世界发展的总体趋势和进程的科学判断具有崇高的真理价值，仍然是我们科学研判全球化时代文化交往战略问题的理论基础和行动指南。

其次，本书将对全球化视阈下文化交往战略的理论与实践进行系统的探析与审视。这主要包括两个层面：一个是力图从学理层面探析不同民族国家文化交往战略理论这一涉及整个研究的理论基础的核心问题。着重揭示发展中国家在文化交往中为了维护本民族国家文化的权益，而采取闭关锁国的文化自保战略是不可取的；西方发达国家在文化交往中企图把西方文化普世化而全盘推销到发展中国家的做法也是根本行不通的。实现不同民族国家文化的和谐发展始终是人类社会发展的最高道义追求。因此，民族国家文化交往走向共赢，应成为我们构建文化交往战略理论的自觉遵循。另一个是从实践层面审视西方发达国家文化交往战略及其实施策略，揭示了其主要文化交往目的是什么、对世界文化发展有何影响？对全球化视阈下文化交往战略的理论探析和实践审视两个层面，构成了我们系统分析和科学把握文化交往战略的两个重要维度，其不仅为我们揭示了不同民族国家文化交往战略理论的缺陷与不足，而且使我们认清了以美国为首的西方发达国家所主导下的全球文化交往实践存在的弊端与危害，进而为探寻构建当代中国文化交往战略提供镜鉴与启示。

再次，本书将当代中国文化交往的战略抉择作为研究的落脚点。当代中国应选择何种文化交往战略，这不仅是一个重大的理论问题，而且是一个重大的实践难题。当代中国文化交往战略应是对以往文化交往战略理论与实践的积极扬弃。从理论层面而言，当代中国文化交往战略理论应避免走向两个极端，即西方发达国家的文化扩张战略，发展中国家的文化自保战略，而应选择坚持独立自主基础上的合作共赢的文化交往战略。因此，本书指出，当代中国文化交往战略必须超越狭隘的民族主义，树立人文视野和世界情怀，将为中华民族伟大复兴提供精神资源、为提升国家文化软实力提供借鉴和为人类文明进步贡献力量作为长远目标；将遵循坚守中华文化立场原则，彰显文化交往战略的民族性与主体性，坚持"和而不同"原则，积极构建全球文化交往新生态作为重要战略原则。从实践层面而言，当代中国文化交往战略应为破解以美国为首的西方发达国家主导的不合理与不平等的全球文化交往秩序，彻底摒弃西方发达国家在文化交往中奉行的冷战思维、遵循丛林法则、倡导零和博弈的错误做法。因此，本书着重阐述了当代中国文化交往战略要体现时代性，契合时代发展的诉求；要蕴含世界性，顺应世界发展的潮流；要以习近平新时代中国特色社会主义思想为指导，确保文化交往的社会主义文化的性质和方向；要以"人类命运共同体"理念为依托，确保文化交往不仅要符合全球化的大趋势，更要符合各国人民的根本利益；要以"一带一路"倡议为载体，确保文化交往真正落到实处，为实现中华民族伟大复兴的中国梦，世界文化的繁荣发展做出贡献。

（二）研究内容

本书重点围绕全球化视阈下文化交往战略问题展开研究，共分五章，主要内容如下。

第一章：主要对文化交往战略的相关概念和内涵进行了界定。对于任何问题的研究都离不开对基本概念的界定，从某种意义上说，基本概念的厘定是学术研究的起点和基础。对全球化视阈下文化交往战略问题的研究，主要波及文化、交往、文化交往战略等概念，为此，对这些概念的探析将为我们系统和科学地研究全球化时代文化交往战略问题奠定前提和基础。

第二章：主要是对全球化与文化交往历程的概说。作为人类特有的交往形态的文化交往，总是随着人类实践活动的发展而发展。当今人类社会发展处于全球化时代，如何认识全球化与文化交往，就成了我们亟待解决的重大问题。本章以马克思恩格斯的全球化思想为基础，探究了全球化的发展进程、考察了文化交往的历程，分析了文化交往的内在机理，这有助于我们对全球化视阈下文化交往战略问题有一个更深刻的理解和更准确的把握。

第三章：主要是对全球化视阈下文化交往战略的理论阐释。全球化时代，不同的民族国家，一方面基于自身的文化传统、民族个性和发展需要，另一方面依据世界经济、政治、文化发展的形势，在全球文化交往过程中，形成了不同的文化交往战略理论。本章从坚持文化普遍主义谋求西方文化普世化、坚持文化中心主义鼓吹西方文化优越论、坚持文化同质化妄图实现文化扩张目的等方面从理论层面剖析了西方发达国家文化交往战略。对发展中国家文化交往战略的理论反思，主要包括坚持文化相对主义固守民族文化独特性、坚持文化保守主义倡导民族文化本土性、坚持文化异质化意图实现文化自保目的。对民族国家文化交往战略的理论自觉的分析，主要包括倡导"和而不同"追寻文化的和谐、遵循文化进步主义达致文化的共生、提倡文化整合化力图实现文化共赢。

第四章：主要是对全球化视阈下西方发达国家文化交往战略的现实审视。本章主要探讨了在新自由主义主导下西方发达国家文化交往战略的思想基础是什么，基本手段有哪些，要实现何种目的。西方发达国家文化交往战略的实施策略体现为：以普世价值为思想基础、以征服世界为终极目标、以文化输出为重要手段；存在的弊端主要包括：文化霸权主义的盛行、文化民族主义的迷失、文化多样性的破坏；面临的挑战主要有："逆全球化"的挑战、全球化性问题的挑战、"三大赤字"的挑战。

第五章：主要对当代中国文化交往的战略抉择问题进行了探究。本章从为中华民族伟大复兴奠定精神基础、为提升国家文化软实力提供支撑、为人类文明进步贡献力量等方面论述了当代中国文化交往战略的长远目标。从坚守中华文化立场、坚信马克思主义文化观、坚定把握意识形态工作领导权、坚持"和而不同"阐释了当代中国文化交往的基本原则。从契合时代发展诉求、顺应世界发展潮流、以习近平新时代中国特色社会主义思想为指导、以"人类命运共同体"理念为依托、以"一带一路"倡议为载体探析了当代中国文化交往战略的实施策略。

（三）研究方法

本书坚持以马克思主义理论为指导，在马克思"世界历史"理论视角下，坚持问题导向，努力将研究工作建立在科学的理论基础之上。具体来说本书主要采取了以下几种研究方法。

第一，历史与逻辑相结合的方法。本书将文化交往战略问题的研究置于历史发展与现实要求的双重视野中，既注重对文化交往战略历史发展轨迹的研究，又注重对文化交往战略在全球化时代促进人类社会发展和当代中国文化发展的内在逻辑的研究。

第二，比较研究法。本书虽然主要是研究文化交往战略问题的，但在研究过程中，对文化冲突与文化融合、文化同质化与文化异质化、文化一元论与文化多元论、文化保守主义与文化激进主义、文化相对主义与文化普遍主义、文化霸权主义与文化宗教激进主义等问题进行比较分析和研究，从而使对具体文化问题的研究更科学、更系统和更全面。

第三，多学科整合法。全球化视阈下文化交往战略问题研究，波及的问题较为复杂和广泛。既有属于历史学科的关于人类文化交往历程的探讨，又有属于人类学范畴的文化民族性的研究；既有哲学学科关于文化交往战略相关概念的厘定，又有文化学范畴关于文化自觉、文化自信和文化自强的研究等。有鉴于此，本书将哲学、社会学、历史学、文化学、人类学等学科整合在一起，综合研究全球化视阈下文化交往战略问题，这极大地提高了问题研究的实效性、科学性和系统性。

（四）创新之处

1.在研究视角上，就当前学术界研究的整体来看，关于文化问题的研究较多，但关于文化交往战略问题的研究，特别是从全球化视阈切入文化交往战略问题的研究，还不是很多。2008年以美国为震源的金融危机爆发后，欧美各国相继出现了民粹主义上升、贸易保护主义抬头、经济及社会政治领域民族主义复苏的迹象，全球化出现了退潮现象，即"逆全球化"现象。"逆全球化"现象的出现，表明20世纪90年代以来，以美国为首的西方发达国家所推行的新自由主义全球化的发展进入了衰败期，正在走向"终结"。这导致新自由主义主导下的西方发达国家文化交往战略陷入困境和面临挑战。这突显了我们此时加强文化交往战略问题研究的必要性，因此，本书从全球化视阈探讨文化交往战略问题，选题视角具有一定创新意义。

2.在理论观点上，本书以全球化为切入点，分析了冷战结束后，以美国为首的西方发达国家以新自由主义主导的文化交往战略的实施策略、存在的弊端和面临的挑战等问题。并在此基础上，探讨了当代中国文化交往的战略抉择问题。本书尝试性地提出了以习近平新时代中国特色社会主义思想为指导，以"人类命运共同体"理念为依托，以"一带一路"倡议为载体的较为完整与系统的当代中国文化交往战略建构体系，从而力求实现当代中国文化交往战略的指导思想的科学性、理念的合理性、载体的可靠性，为全球化时代文化交往战略构建提供新思路。

第一章 文化交往战略的相关概念探析

对于任何问题的研究都离不开对基本概念的界定,从某种意义上说,基本概念的厘定是学术研究的起点和基础。"没有清晰的概念,也就不可能有正确的认识。"[1]对全球化视阈下文化交往战略问题的研究,主要波及文化、交往、文化交往战略等概念,为此,对这些概念的探析将为我们系统和科学地研究文化交往战略问题奠定前提和基础。

一、文化概念厘定

文化是一个既古老,又常新的话题。言其古老是指,文化是与人类相伴而生的,从人类诞生的那天起,文化就规约着人类的生活;言其常新是指,文化是与人类相随而发展的,文化总是与人类的实践活动相联系,并随着人类实践活动的发展而不断丰富自身的内涵。由于文化的历史久远和变化常新,使得人们对文化的界定向来不是一件容易的事情,纵观中外学者对文化的研究,关于文化的界定,真可谓是见仁见智。鉴于本书不是针对文化定义问题的专门研究,故仅从问题研究的需要出发,对什么是文化做粗浅的探讨。

(一)文化概念的词源学考究

中国词源学上的文化概念。中文的"文化"一词,是由"文"和"化"两个汉字组成的。在汉字中"文"的本义,是指各色交错的纹理,

---

[1] W.布列钦卡.教育科学的基本概念[M].上海:华东师范大学出版社,2002:11.

《易·系辞下》载："物相杂，古曰文"就指此义。在汉字中"化"的本义，是指改易、生成、造化，《庄子·逍遥游》："化而为鸟，其名为鹏"就指此义。"文"和"化"一起并用，最早出现在《易·贲卦·彖传》："刚柔交错，天文也。文明以止，人文也。观乎天文，以察时变；观乎人文，以化成天下。"可见，"文"与"化"二字合在一起就是教化之意，主要是指人从自然愚昧的状态变得文雅起来。

西方词源学上的文化概念。西方"文化"一词的英文为"culture"，从词源学上来说，它来源于拉丁文"cultura"，其含义主要指人们为了满足自身生存和发展的需要，而对土地的耕耘和植物的栽培。17世纪末法国学者安托万·菲雷蒂埃所编《通用词典》（1690）对"culture"（文化）一词的释义是"人类为使土地肥沃、种植树木和栽培植物所采取的耕耘和改良措施"[1]。从词源学上来看，西方"文化"（culture）的概念最初是与自然（nature）相对的，直到18世纪，西方"文化"一词逐渐由对土地的耕耘和植物的栽培引申为对人的训练、培养和培育，从而赋予了"文化"一词以教化之意。

通过对中西词源学上文化概念的对比可知，中西词源学上的文化概念具有不同的一面，即中国词源学上的文化概念主要是精神层面的文化；而西方词源学上的文化概念既包括物质层面的文化，又包括精神层面的文化。但中西词源学上的文化概念又具有相同的一面，即都具有对人的教育、培养的"人化"和"化人"之意。"中西辞源中实际已经显现了某种共同的内涵：文化，其实就是'人化'和'化人'。'人化'是指按人的方式改造整个世界，使任何事物都带上人文的性质；'化人'是指反过来，再用这些改造世界的人文成果来提高人、装备人、造就人，使人的发展更全面、更自由。"[2]

（二）文化概念的一般界定

一般来讲，人们在对待文化的过程中形成了两种主要的观点，即广义

---

[1] 转引自维克多·埃尔.文化概念[M].康新文,晓文,译.上海：上海人民出版社,1988：3.

[2] 李德顺,孙伟平,孙美堂.精神家园：新文化论纲[M].哈尔滨：黑龙江教育出版社,2010：14.

文化观和狭义文化观。广义文化观认为，文化是人类为了满足生存和发展的需要，在征服和改造自然的过程中，所创造的物质财富和精神财富的总和。广义文化主要包括物质文化、精神文化、制度文化和行为文化。狭义文化观认为，文化是与政治、经济相对的精神性的东西，它是在某一特定社会中人们所共有的、并由后天获得的各种观念和价值的有机整体，是非先天遗传的人类精神财富的总和。英国著名人类学家爱德华·泰勒就是从狭义的视角对文化进行的界定，他在《原始文化》一书中指出："文化，就其在民族志中的广义而言，是个复合的整体，它包含知识、信仰、艺术、道德、法律、习俗和个人作为社会成员所必需的其他能力及习惯。"[1]

无论是广义文化观把文化界定为人类所创造的物质财富和精神财富的总和，还是狭义文化观把文化界定为人类所创造精神财富的总和，两者都存在着共同的缺陷，那就是仅仅从结果的视角来界定文化，只把文化理解为人类生产和生活的既定结果和对象性活动的结晶。"都仅仅把文化理解为一种具体的结果性的东西，从而呈现为一种完成了的物性的状态"。[2] 事实上，文化作为人的本质属性和本质力量的确定，它既表现为一种既定的结果，又展现出一种无限动态的过程。从"既定的结果"角度来看，文化表征着人的生命存在方式，从"动态的过程"角度来说，文化表征着人的生命的生存方式。

（三）文化概念的生成性释义

通过上面对广义文化观和狭义文化观缺陷的剖析，我们明确了文化不仅是一种结果，更是一种活动，是活动结果和活动过程的统一体。广义文化观和狭义文化观之所以把文化界定为一种人类活动既定的结果，就是由于其主要是从名词或动名词的静态视阈来理解和看待文化的。为了更好地揭示文化的本质，我们对文化的界定就不能囿于静态的视阈，而应将动词的动态的视阈引入对文化的界定中来。正如张岱年先生所言，把文化理解为一个流变的过程，要比把文化理解为某种既成的事物的总和更正确。事

---

[1] E.B.Tylor, The Origins of Culture, p.1, Harper and Brothers Publishers, New York, 1958: 1.
[2] 李江涛.当代文化发展新趋势研究[M].北京：中央编译出版社，2009: 12.

实上，从文化词源学来看，无论中文的文化所指的文治教化，还是西方文化所指的对土地的耕种或后来引申为对人的教育和培养，其动词意义都是显而易见的。这说明，从词源学意义上来说，文化首先是一个动词，表示的是一个动态的过程。"现在，学界逐渐在狭义文化观和广义文化观基础上做进一步的综合和深化，从动词意义上，即从动态的角度来理解文化，从实践、创造、生成和建构的功能方面来解读文化。"[1]文化作为活动结果和活动过程的统一体，仅从静态角度或动态角度对文化进行界定都是不全面的，应从动态和静态相结合的视阈来界定文化。从动静结合的角度，文化的定义就必须既体现为一种结果，又体现为一种过程。为此，笔者较为认同学者桂翔在《文化交往论》中对文化的界定，他指出："文化是各民族人民改造自然对象的智慧（技艺）与整合、协调生产实践和生活实践的智慧（规则）以及作为这两种智慧之结晶的物质产品和精神产品的综合体。"[2]

二、交往概念解析

对文化概念的界定只是我们了解"文化交往"的第一步，为了更好地揭示文化交往的本质，我们还必须对交往概念做以解析。交往作为人的存在的一种状态，同文化一样，也是与人类相伴相随的，这就意味着自从人类诞生起，交往就在影响和改变着人类的生活，随着历史的演进和社会的变革，人类交往的内涵和方式也不断发生变化。从词源学上看，交往来自拉丁文communis一词，其含义主要指分享、交换、交流等。在日常生活中，交往主要指人与人之间的交互往来过程和关系。人们出于学术研究的需要，从心理学、社会学、语言学等学科对交往做了不同的界定。由于本书主要是从哲学的视角，特别是唯物史观的视角来研究文化交往问题，鉴于此，笔者仅就唯物史观的范畴对交往做粗浅的探析。

---

[1] 车美萍.全球化与当代中国文化形态[M].济南：山东大学出版社，2009：3.
[2] 桂翔.文化交往论[M].北京：人民出版社，2011：9.

(一）交往是人的实践活动的重要构成要素

马克思主义认为，实践是人特有的物质生产活动。物质生产活动是人与自然之间的物质交换过程，人正是通过这一物质交换过程，才使自身生存和发展的需要得以满足的。物质生产活动之所以能够得以顺利展开，交往发挥着至关重要的作用。第一，交往媒介着人类的物质生产活动。在物质生产活动中，人并不是以个体的形式直接面对自然的，人与人之间的交往活动媒介着人类的物质生产活动，质言之，人类改造自然的物质生产活动是通过人与人之间的交往作为纽带而展开和实现的。正如马克思所说，人类的生产"是以个人彼此之间的交往为前提的"。[1]这意味着，离开了人与人之间的交往活动，物质生产活动就无法进行。第二，交往促使人改造自然的力量成为真正的力量。马克思主义认为，人类改造自然的力量只有在这些个人的交往和相互关系中才能成为真正的力量。正如马克思指出："人们……只有以一定的方式共同活动和互相交换其活动，才能进行生产……只有在这些社会联系和社会关系的范围内，才会有他们对自然界的影响，才会有生产。"[2]

（二）交往形成人特有的社会关系

马克思是从社会关系的角度来界定人的本质的。在《关于费尔巴哈的提纲》中，马克思指出："人的本质不是单个人所固有的抽象物，在其现实性上，它是一切社会关系的总和。"[3]社会关系是人类特有的现象，也是人与动物最显著的区别之一。就关系而言，动物是没有什么关系的，也不对什么发生关系。对此，马克思有过深刻的论述，他指出："凡是有某种关系存在的地方，这种关系都是为我而存在的；动物不对什么东西发生关系，而且根本没有关系；对于动物来说，它对于他物的关系不是作为关系存在的。"[4]

在这里，我们不仅会提出这样的疑问，作为人的本质的"一切社会

---

[1] 马克思恩格斯选集（第1卷）[M].北京：人民出版社，1995：68.
[2] 马克思恩格斯选集（第1卷）[M].北京：人民出版社，1995：344.
[3] 马克思恩格斯选集（第1卷）[M].北京：人民出版社，1995：12.
[4] 马克思恩格斯选集（第1卷）[M].北京：人民出版社，1995：81.

关系的总和"是如何形成的？事实上，社会关系的总和同义于交往关系的总和，因为，人的社会关系是通过交往得以实现的。人的社会关系的产生和发展离不开人的交往活动，正是在以物质生产活动为基础的社会交往活动中，人的社会关系得到不断丰富和发展。马克思认为，人在交往活动中主要处理两种关系，一种是人与自然之间的关系，一种是人与人（人与社会）之间的关系。对此，马克思恩格斯在《德意志意识形态》中指出："生命的生产……表现为双重关系，一方面具有自然关系，另一方面是社会关系。"[1]

人与自然之间的关系是人与人之间关系形成的基础和前提，因为，人们正是在处理与自然之间的关系的时候才形成了人与人之间的交往关系，这意味着人只有在与他人的交往关系中，才能实现与自然之间的联系，并把自然当作自己实践活动的对象。对此，马克思指出："人对自然的关系直接就是人对人的关系……表现出人的本质在何种程度上对人说来成为自然，或者自然在何种程度上成为人具有的人的本质。"[2]但我们同时也要看到，人与人之间的交往关系亦是形成人与世界之间关系的基础和前提，因为，自然只有在人与人之间交往关系的基础上才成为人的实践活动的对象的。对此，马克思指出："自然界的人的本质只有对社会的人来说才是存在的……只有在社会中，人的自然存在对他人来说才是自己的人的存在，并且自然界对他来说成为人。"[3]

（三）交往推动生产力的发展

马克思主义认为，不仅人类的生产活动推动生产力的发展，而且人与人之间的交往活动也对生产力的发展起着重要的作用。对此，马克思和恩格斯指出："某一个地域创造出来的生产力，特别是发明，在往后的发展中是否会失传，完全取决于交往扩展的情况。"[4]在人类历史发展的早期阶段，在交往不发达的状况下，人们每天都在重复进行着技术发明和制造

---

[1] 马克思恩格斯选集（第1卷）[M].北京：人民出版社，1995：80.
[2] 马克思1844年经济学哲学手稿[M].北京：人民出版社，2000：80.
[3] 马克思1844年经济学哲学手稿[M].北京：人民出版社，2000：83.
[4] 马克思恩格斯选集（第1卷）[M].北京：人民出版社，1995：107.

工具的活动，并且，这种活动在每个地域都是独立进行的。因此，当人们的交往活动还局限于狭隘的地域的时候，经常因为发生了一些纯粹偶然的事件，就使许多发明长期失传是常有的现象。关于这种情况，腓尼基人的例子就是最好的说明。即使在通商相当发达的情况下，也会由于蛮族的入侵，甚至由于通常发生的战争，就足以使发达的生产力遭到彻底的毁灭。马克思和恩格斯认为，只有当交往成为世界交往并且以大工业为基础的时候，保持已创造出来的生产力才有了保障。这说明，交往在推动生产的发展中，发挥着巨大的作用，只有当人们之间的交往发展成为普遍交往的时候，才有利于已创造出来的生产力的保持和发展。

（四）交往表征人的存在状态

恩格斯指出，世界不是既成事物的集合体，而是过程的集合体。作为人类特有的存在方式的交往亦不能例外。事实上，交往作为人们在改造世界的实践活动中所结成的关系，其存在向来是一定人类历史发展阶段的产物。对此，马克思在《1857—1858年经济学手稿》中对人类交往的三大形态做了详细的阐述。马克思指出："人的依赖关系（起初完全是自然发生的），是最初的社会形式，在这种形式下，人的生产能力只是在狭小的范围内和孤立的地点上发展着。以物的依赖性为基础的人的独立性，是第二大形式，在这种形式下，才形成普遍的社会物质变换、全面的关系、多方面的需要以及全面的能力的体系。建立在个人全面发展和他们共同的、社会的生产能力成为从属于他们的社会财富这一基础上的自由个性，是第三个阶段。"[1]

第一阶段的交往，是以人的依赖关系为基础的交往，这种交往主要是以原始人的血缘关系为纽带的，这种交往体现着人类原始、自然、依附等特点。在人类活动的早期，人只能通过血缘或地缘的自然纽带而存在于某种人群共同体中，正如马克思所指出："部落始终是人们的界限，无论对别的部落的人来说或者对他们自己来说都是如此：部落、氏族及其制度，都是神圣而不可侵犯的，都是自然赋予的最高权力，个人在感情、思想和

---

[1] 马克思恩格斯全集（第30卷）[M].北京：人民出版社，1995：107-108.

行动上始终是无条件服从的。"[1]

第二阶段的交往，是以物的依赖性为基础的交往，是对第一阶段交往的否定。这里需要明确指出的是，在"物的依赖性"阶段的人所进行的交往只是相对的独立性，因为，在这一阶段，一方面使人从自然和狭隘的共同体的依附关系中解放出来，使人的交往表现出独立性的一面，另一方面又使人的交往处于自身所创造的"物"的依赖性之中，使人的交往具有物化的特征，特别在资本主义社会中一切关系都被商品化了，因而，这一阶段的交往扭曲了人与人之间的正常交往关系。

第三阶段的交往，是以人的全面发展为目标的交往，其是一种普遍的交往，是未来社会的交往形态。"人的全面发展和自由个性"阶段是"人和自然之间、人和人之间的矛盾的真正解决，是存在和本质、对象化和自我确证、自由和必然、个体和类之间的斗争的真正解决。"[2]因而，这种交往"是一种在人与人之间建立起普遍联系的、能够达到人自身、人与自然、人与社会、人与他人之间的和谐自由全面的交往。"[3]

三、文化交往战略构成解读

一般而言，战略是指民族国家行为体，根据自身发展形势和利益的需要，从全局的角度，对未来一定时期内，资源的组织与力量的运用等方面所进行的宏观的谋划。就此而言，文化交往战略，是指一个民族国家在一定时期内，在对国内国际形势（主要包括政治、军事、经济、科学技术等诸方面）分析研判的基础上，为了在文化交往中传播、发展自身的文化，以文化交往战略指导思想为指引，科学确立文化交往战略目标，制定有效文化交往战略措施的宏观与整体规划。一般来说，文化交往战略主要由文化交往战略目的、文化交往战略原则和文化交往战略措施等构成。

---

[1] 马克思恩格斯全集（第21卷）[M].北京：人民出版社，1965: 112-113.
[2] 马克思恩格斯全集（第46卷）[M].北京：人民出版社，1979: 120.
[3] 李百玲.晚年马克思恩格斯交往观研究[M].北京：中央编译出版社，2009: 176.

第一章 文化交往战略的相关概念探析

（一）文化交往战略目的

战略目的是一个民族国家根据战略形势和自身利益的需要，在战略实施过程中所要达到的预期目标或结果。任何战略都是特定民族国家利益的反映，体现其路线、方针和政策。鲜明的目标性或指向性，是战略的基本要求，亦是一个民族国家战略的灵魂。这意味着，一个民族国家的战略如若失去目的，就会失去方向和魂魄。从战略的整体构成来看，战略目的是一个战略体系的核心和基础，是一个民族国家制定和实施战略的出发点和归宿。

就文化交往战略而言，全球化时代，任何民族国家的文化交往实践活动都具有文化的意识形态和市场商品的双重属性，质言之，任何民族国家文化交往实践活动既要实现文化发展，又要促进经济发展，这就使文化交往战略目的具有了文化效益目的和经济效益目的的双重目的性。文化交往战略的文化效益目的，主要是指一个民族国家通过文化交流、传播和互动，增进其他民族国家对本民族国家文化的认知或理解，并吸收借鉴其他民族国家的优秀文化因子，以提高本民族国家的文化软实力和国际影响力。文化交往战略的经济效益目的，主要是指一个民族国家通过文化产品和文化服务的传播与输出，更多地占有国外市场份额，即通过提升文化产品和文化服务的国际市场竞争力与影响力，进而获得最大化的商业利益。

就文化交往战略的经济效益目的而言，各个民族国家之间没有本质上的差别，都力求通过文化交往，提升文化产品和文化服务的国际市场竞争力与影响力，获得最大化的商业利益。但从文化交往战略的文化效益目的来看，不同的民族国家之间在本质上却存在明显的差异和不同。如以美国为首的西方发达国家的文化交往战略的文化效益目的，主要是通过其领先的传播技术和遍及世界各地的文化输出网络，实现西方资本主义文化的世界化，即通过文化交往将本国家的价值观念、思想体系和发展模式等提升和转化为国际社会所广泛接受和认同的"共有"的观念、思想和模式，最终达到在文化上影响甚至控制其他民族国家的目的。与以美国为首的西方发达国家不同，当代中国的文化交往战略目的，一方面，是有效增进其他民族国家对中国特色社会主义事业所取得成就的了解和理解，努力改善中国的国际形象，提升中华文化软实力，提高中国的国际声誉和声望；另一方面，是促进世界文化交往秩序向着平等、包容和互惠的方向发展，为构建世界文化交往新格局提供中国方案和中国智慧。

（二）文化交往战略原则

战略原则是一个民族国家以一定的战略思想或战略理论为依据，所确定的用以指导其战略实践的规则或准绳。战略原则规定了战略实施的基本方式、方法和规范。在战略体系中，战略原则作为达到一定的战略目的而实施的行动纲领，是战略目的的体现和表征。质言之，战略原则是根据战略目的制定，并为其服务的，因此，不同的战略目的要求的战略原则必然是不同的。

一般来说，有什么样的战略目的就会有什么性质的战略原则。具体到文化交往实践活动中，处于文化弱势地位的广大发展中国家的文化交往战略原则有别于处于文化强势地位的西方发达国家。中国文化交往的目的是在保持本民族文化生存空间的同时，通过不同文化间的交流，互通有无，取长补短，增进不同国家间的了解和友谊，并努力营造平等、包容、合作和共赢的文化交往格局。因此，在文化交往实践活动中，中国奉行"和而不同"的原则：一方面，坚持文化的共生性和共存性，主张不同文化"各美其美，美人之美，美美与共，天下大同"。既反对一方消灭另一方，也反对一方同化另一方。另一方面，坚持"兼容并包"，"己所不欲，勿施于人"的价值追求，主张对由于文化差异而引起的文化冲突应通过不同文化间的平等对话和沟通来解决，在求同存异中达到"和"的目的。

美国的文化交往战略目的是为了实现世界文化的美国化或美国文化的一统天下，因此美国在文化交往实践中，其战略指导原则是遵循"和而同"。美国认为，世界上异质文化的存在和发展不仅不利于世界文化的健康发展，还严重威胁到美国文化乃至国家的安全，所以美国在文化交往中大肆推行文化霸权主义，利用自己独特的经济、政治和军事优势，特别是无与伦比的文化和信息传播优势地位，疯狂地对广大发展中国家大肆进行文化渗透，消解和蚕食其他民族文化和民族精神，以最终实现世界的"美国化"。

（三）文化交往战略措施

战略措施是一个民族国家根据本国和世界文化力量的对比，为了一定的战略目的而实行的具有全局意义的切实可行的方法和手段。从战略体系来看，战略措施是战略目的得以实现的保障。任何民族国家要想把自己制定的战略目的转变为现实，就必须依靠有效的战略措施。

战略目的和战略措施之间是互相依存的关系，战略措施无战略目的的指导则盲，战略目的无战略措施的实施则空。这意味，一方面，战略措施总是为一定的战略目的而实施的，是在一定的目的驱使下而进行的；另一方面，战略目的作为一种目标，必须依靠具体的战略措施才能得以实现。

在具体的文化交往实践活动中，战略措施的正确与否或是否得当，对战略目的的实现至关重要。一个民族国家只有战略方法科学，措施得当，才能使自己的战略目的得以实现，进而在文化交往中实现自身权益的最大化。战略措施并不是一成不变的，其要根据时间的变化和客观条件的改变做出相应的调整。质言之，一个民族国家的文化交往战略措施不能采取"一刀切"的形式，要因时而异、因地而异、因国而异，只有采取一整套可行的战略措施与手段，才能取得事半功倍的效果。

第二章　全球化与文化交往历程概说

文化交往作为人类特有的交往形态，总是随着人类实践活动的发展而发展。20世纪90年代以来，"全球化"（globalization）作为风靡全球的流行术语，频繁出现在经济学、政治学、社会学、人类学、文化学等诸多研究领域。全球化成了我们看待世界和研究问题的主要视阈，为此，准确揭示全球化的内涵，深刻把握全球化的发展进程，既是我们深化对全球化这一人类社会发展现象认识的必然要求，亦是我们研究文化交往战略问题的实践使然。本章我们以马克思恩格斯的全球化思想为基础，探究了全球化的发展进程、考察了文化交往的历程，分析了文化交往的内在机理，这有助于我们对全球化视阈下文化交往战略问题有一个更深刻的理解和更准确的把握。

一、马克思恩格斯的全球化思想

马克思恩格斯虽然没有明确使用全球化的概念，但在他们的理论体系中蕴含着丰富的全球化思想。马克思恩格斯通常是用"世界历史""世界交往"和"世界市场"等概念来指称和描述全球化现象的。因此，对于全球化问题的研究，回到马克思恩格斯是我们不可回避的研究起点。正如安东尼·冯·福森指出，没有人比马克思恩格斯更早真正认识到全球化的重要性，比他们更好地指导定义全球化的观点还没有出现。

（一）全球化是人类社会发展的必然过程和结果

马克思恩格斯是从唯物史观的基本原理出发，分析和研究全球化问题的。马克思恩格斯认为,全球化是生产力、社会分工和交往发展的必然过程和结果。"各民族之间的相互关系取决于每一个民族的生产力、分工和内部交往的发展程度。"[1]在马克思恩格斯看来,生产力、社会分工和交往之间存在着内在的联系,一方面,随着生产力的发展,社会分工必将取得进一步的发展;另一方面,社会分工又会反过来推动生产力的发展,并进而引起交往的普遍化、扩大化和常态化。

马克思恩格斯认为,生产力、社会分工和交往的发展共同构成了全球化的物质前提。在前资本主义时期,由于落后的生产力和不发达的社会分工,人们征服自然和改造自然的能力还不足以提供打破限制民族普遍交往的自然隔阂和屏障的手段。在这一历史时期,人类历史还呈现为狭隘的地域性的民族历史。只有随着生产力、社会分工和交往的高度发展以及大工业的出现,各民族的"历史也就越是成为世界历史",全球化才能开始形成。

马克思恩格斯认为,由于生产力的发展,人类社会的那种地方的、闭关自守的生存和发展状态被各个国家、各个民族之间的相互关联和依赖打破了,进而也促使了民族史、国家史成为世界历史进程的一部分。社会分工的发展则直接促使了资本主义工商业的繁荣发展,并在民族和国家交往日益频繁和扩大的基础上,增强了各个民族和国家的相互联系和相互依赖。交往作为民族国家间联系和往来的重要媒介和纽带,在把资本主义的生产方式推向整个世界的同时,不仅改变了一般人的活动方式,而且引发了各个国家和民族生存形式的改变,使任何一种产品和发明都能在很短的时间内成为世界历史性的存在。正如马克思恩格斯所指出:"各个相互影响的活动范围在这个发展过程中越是扩大,各民族的原始封闭状态由于日益完善的生产方式、交往以及因交往而自然形成的不同民族之间的分工消灭得越是彻底,历史也就越是成为世界历史。"[2]

在马克思恩格斯看来,全球化的产生和发展并不是由某种神秘的精神

---

[1] 马克思恩格斯文集(第1卷)[M].北京:人民出版社,2009:520.
[2] 马克思恩格斯选集(第1卷)[M].北京:人民出版社,1995:88.

或人的意志决定的，而是人类社会发展的客观历史过程和必然结果。正如马克思所说的，"历史向世界历史的转变，不是'自我意识'、世界精神或者某个形而上学幽灵的某种纯粹的抽象行动，而是完全物质的、可以通过经验证明的行动，每一个过着实际生活的、需要吃、喝、穿的个人都可以证明这种行动"。[1]

（二）全球化由资本和资本主义的推动变为现实

马克思恩格斯认为，全球化并不是从来就有的，其是人类社会发展的客观历史过程和必然结果。如果说生产力、社会分工和交往的发展为全球化提供了必要的物质基础，那么只有进入资本主义时代，在资本和资本主义的推动下才使其变为现实。对此马克思恩格斯有过精辟的论述，"不断扩大产品销路的需要，驱使资本家奔走于全球各地。它必须到处落户，到处开发，到处建立联系"[2]。正是扩大产品销路的驱使，资本家不得不奔走于全球各地，将产品的销售市场由国内扩大到国外，这在客观上促使了全球化的实现。事实上，资本内在的具有扩张的本质属性，对剩余价值的无限追求和对世界市场的无限扩展是资本的本性使然。"创造世界市场的趋势已经直接包含在资本的概念本身中。"[3]

马克思恩格斯在肯定资本和资本主义在全球化的产生和发展中的历史作用的同时，也鲜明地指出了全球化的资本主义的时代性和阶级性。正如马克思恩格斯在《共产党宣言》中所说："资产阶级……按照自己的面貌为自己创造出一个世界。"[4]资产阶级是在追求自身的利益、体现自身的意志和满足自身的需要的实践中开创全球化的，因此，这一过程自始就必然带有鲜明的资产阶级时代性和阶级性。

马克思恩格斯认为，资本和资本主义走向全球化的过程，是伴随着对落后国家和落后民族的侵略、压迫和剥削而发展起来的。"资产阶级挖掉了工业脚下的民族基础。古老的民族工业被消灭了，并且每天都还在被消

---

[1] 马克思恩格斯文集（第1卷）[M].北京：人民出版社，2009：541.
[2] 马克思恩格斯选集（第1卷）[M].北京：人民出版社，1995：216.
[3] 马克思恩格斯文集（第8卷）[M].北京：人民出版社，2009：88.
[4] 马克思恩格斯选集（第1卷）[M].北京：人民出版社，1995：88.

灭。""它迫使一切民族——如果它们不想灭亡的话——采用资产阶级的生产方式；它迫使它们在自己那里推行所谓的文明，即变成资产者。"[1]事实上，在由资本和资本主义所开启的全球化的世界体系，实际上是一种以资本主义生产方式为内核的庞大的"中心—边缘"的结构体系，其发展过程表现为极大的不平衡性。就民族国家而言，其表现为以西方发达国家为中心，以广大发展中国家为边缘；就地域而言，其表现为以现代化的城市为中心，以落后的乡村为边缘；就经济地位而言，其表现为以资本主义经济为中心，以其他经济为边缘；就阶级而言，其表现为以少数资本家阶级为中心，以大多数工人和农民为边缘。正如马克思恩格斯指出："资产阶级使农村屈服于城市的统治。……正像它使农村从属于城市一样，它使未开化和半开化的国家从属于文明的国家，使农民的民族从属于资产阶级的民族，使东方从属于西方。"[2]

（三）全球化是经济、政治和文化的多维进程

马克思恩格斯认为，全球化首先是一种经济现象。他们也是从生产全球化和消费全球化为出发点，研究和阐释全球化现象的。资本追求剩余价值的本性和资本主义生产方式的性质决定了资产阶级必须奔走于全球各地，不断开拓世界市场。大工业的建立、美洲的发现为开拓世界市场做好了准备。从物质资料的生产来看，资本主义新兴工业促使了物质资料生产的全球化。资本主义新兴工业所加工的，已经不是本地的原料，而是来自极其遥远的地区的原料了。从物质资料的消费来看，物质资料的消费也全球化了。资本主义新兴工业加工的产品，不仅供本国消费，而且供世界各地消费。旧的、靠本国产品来满足的需要，被新的、要靠极其遥远的国家和地区的产品来满足的需要所代替了。

马克思恩格斯对全球化的认识，并没有止步于经济现象，他们明确指出，全球化不仅是一种经济现象，而且是一种社会的、政治的和文化的现象。唯物史观认为，生产力决定生产关系，经济基础决定上层建筑，这是

---

[1] 马克思恩格斯选集（第1卷）[M].北京：人民出版社，1995：88.
[2] 马克思恩格斯文集（第2卷）[M].北京：人民出版社，2009：36.

人类社会存在和发展的基本规律。在人类社会发展的过程中，物质生活的生产方式制约着整个社会生活、政治生活和精神生活的过程。恰如马克思恩格斯所指出："人们的观念、观点和概念，一句话，人们的意识，随着人们的生活条件、人们的社会关系、人们的社会存在的改变而改变。"[1]

全球化起源于经济领域，这是不争的事实，但全球化却不仅仅限于经济这一个方面。因此，虽然全球化起因于经济，并且在一段时间和一定程度上主要表现为经济的全球化，但随着经济全球化的发展，政治和文化的全球化必然逐步加强。关于政治的全球化，马克思明确指出："各自独立的、几乎只有同盟关系的，各有不同利益、不同法律、不同政府、不同关税的各个地区，现在已经结合为一个拥有统一的政府、统一的法律、统一的民族阶级利益和统一的关税的统一的民族。"[2]关于文化的全球化，马克思恩格斯认为，随着全球化的发展，民族之间、国家之间的交往日益增多，各种文化、各种文明开始相互影响、相互渗透、相互融合，形成了一种全球化的世界文化。正如马克思恩格斯所指出的那样，由于经济的全球化，"各民族的精神产品成了公共的财产。民族的片面性和局限性日益成为不可能，于是由许多种民族的和地方的文学形成了一种世界的文学"[3]。

（四）全球化为未来共产主义准备了必要条件

马克思恩格斯在指出资本和资本主义在全球化的产生和发展中的历史作用的同时，深刻解释了由资产阶级所开启的全球化在促进人类社会发展中的双重作用。一方面，资产阶级开启的全球化为推动人类社会生产力的发展、促进民族间的融合和实现人类社会向更高级形态的过渡创造了条件。马克思恩格斯高度赞扬了资产阶级的历史功绩，"资产阶级在它的不到一百年的阶级统治中所创造的生产力，比过去一切世代创造的全部生产力还要多，还要大……"[4]另一方面，资产阶级开启的全球化最终成了世

---

[1] 马克思恩格斯文集(第2卷)[M].北京：人民出版社，2009: 50.
[2] 马克思恩格斯文集(第2卷)[M].北京：人民出版社，2009: 36.
[3] 马克思恩格斯选集(第1卷)[M].北京：人民出版社，1995: 276.
[4] 马克思恩格斯文集(第2卷)[M].北京：人民出版社，2009: 36.

界历史进一步发展的桎梏。资本主义的发展史，就是建立在资本对劳动的剥削基础上的，正所谓，资本来到世间，从头到脚，每个毛孔都滴着血和肮脏的东西。马克思恩格斯指出，资产阶级对殖民地的统治"完全是受极卑鄙的利益所驱使"的，资本主义文明具有极端的伪善性和野蛮性。"当我们把目光从资产阶级文明的故乡转向殖民地的时候，资产阶级文明的极端伪善和它的野蛮本性就赤裸裸地呈现在我们面前。"[1]

马克思恩格斯在揭示资产阶级开启的全球化的伪善性和野蛮性的基础上，进一步指出了全球化的最终结果将是共产主义。不可否认，资产阶级在全球化的开拓和推进中发挥着无可替代的历史作用。资产阶级用新工业替代了古老的民族工业，消灭了各国的闭关自守状态，把一切民族甚至最古老的民族都卷到文明中来了；它迫使一切民族采用资产阶级的生活方式，使未开化和半开化的国家从属于文明的国家，使东方从属于西方。但这并不意味着资本主义是全球化发展的未来归宿。全球化的前景将是共产主义，究其原因在于资产阶级开启的全球化的发展从本质上说是同资本主义制度相冲突的。

马克思主义认为，生产关系一定要适合生产力发展状况的规律是人类社会发展必须遵循的基本规律。当生产关系不适合生产力发展状况的时候，就必须通过变革生产关系，以达到适合生产力发展的需要，从而发挥其促进生产力发展的作用。随着历史的前进，资本主义的所有制关系终将难以适应生产力的发展，它再也不能容纳其本身所创造的巨大财富了。因此，全球化的充分展开，必将冲破资本主义制度本身，把人类推向资本主义的反面——共产主义，用共产主义的全球化取代资本主义的全球化。正如马克思恩格斯指出："随着大工业的发展……它首先生产的是它自身的掘墓人。资产阶级的灭亡和无产阶级的胜利是同样不可避免的。"[2]马克思恩格斯的论述告诉我们，全球化发展的最终结果将是社会主义和共产主义的全球化。因此，从这个意义上来说，近代以来主要由资产阶级推动和

---

[1] 马克思恩格斯文集(第2卷)[M].北京：人民出版社，2009：690.
[2] 马克思恩格斯文集(第2卷)[M].北京：人民出版社，2009：37-43.

发展了的全球化进程，又是实现社会主义和共产主义的必要条件。

二、全球化的历史进程探究

全球化始于何时？全球化经历了哪些发展阶段？这是开展全球化相关问题研究必须解答的重大问题。在马克思恩格斯看来，全球化始于15~16世纪的地理大发现。马克思恩格斯指出："美洲的发现、绕过非洲的航行，给新兴的资产阶级开辟了新天地……世界贸易和世界市场在16世纪揭开了资本的现代生活史。"[1]这意味着，正是地理大发现，才促使人类社会真正进入了世界范围内联系和交往的时期，从而使分散发展的地区史、民族史逐步转变为整体发展的世界史。正如斯塔夫里阿诺斯所说："实际上，严格的全球意义上的世界历史直到哥伦布、达·伽马和麦哲伦进行远航探险时才开始。在这以前，只有各民族的相对平行的历史，而没有一部统一的人类历史。"[2]

（一）全球化的形成阶段

全球化的形成阶段，大体上是从15世纪末开始，到19世纪中叶。大体说来，这也就是相当于从全世界范围内的资本的原始积累到自由竞争的资本主义体系确立了统治地位的时期。

马克思主义认为，正是资本和资本主义的全球扩张，才推动了全球化进程的展开。全球化的发端可以追溯到15世纪的地理大发现。从1492年哥伦布发现美洲大陆到1522年麦哲伦完成环球航行，人类社会的发展第一次实现了各大洲之间航路的联通，这为资本和资本主义的全球扩张和欧洲殖民者对外开拓市场创造了条件。地理大发现在人类社会发展史上的作用是非凡的，具有划时代的意义，其引发了欧洲的商业革命，极大地促进了各地区、民族和国家之间的商品交流和贸易往来，使消费品真正成了世界市场的消费品，从而使人类的商业活动第一次具有了"世界性"。"伟大的

---

[1] 马克思恩格斯文集（第5卷）[M].北京：人民出版社，2009：171.

[2] 斯塔夫里阿诺斯.全球通史——1500年以前的世界[M].吴象婴，梁赤民，译.上海：上海社会科学院出版社，1988：3.

地理发现以及随之而来的殖民地的开拓使销售市场扩大了许多倍,并且加速了手工业向工场手工业的转化。"[1]

18世纪以后,西方主要资本主义国家先后发生并完成了工业革命。资产阶级工业革命不仅极大地促进了生产技术的变革,而且引发了生产关系的变革,其最终的结果,就是使资本主义生产方式得以确立起来。资本主义生产方式的确立,给西方主要资本主义国家带来了强大的经济和军事实力,他们正是凭借强大的经济和军事实力,展开了世界范围内的殖民地扩张活动。他们通过武力不但摧毁了亚洲、非洲和美洲的古老文明,而且将其纳入西方势力控制的范围内,并把西方的制度、文化强行施加于这些地区。可以说,全球化的早期阶段,是在西方主要资本主义国家对广大殖民地国家的血腥掠夺中进行的。正如马克思、恩格斯所指出:"美洲金银产地的发现,土著居民的被剿灭、被奴役和被埋葬于矿井,对东印度开始进行的征服和掠夺,非洲变成商业性地猎获黑人的场所——这一切标志着资本主义生产时代的曙光。这些田园诗式的过程是原始积累的主要因素。"[2]

(二)全球化的拓展阶段

全球化的拓展阶段,起始于19世纪四五十年代,直到20世纪70年代初。大体说来,这也就是相当于从自由竞争的资本主义向垄断的资本主义即帝国主义过渡的时期。拓展阶段的全球化进程可以说是跌宕起伏,几经周折。这一阶段主要经历了在世界市场上由英国这个老牌的资本主义国家的一霸独强,到几个资本主义列强争夺霸主地位,再到列强把世界领土瓜分完毕。

从19世纪中叶到1914年第一次世界大战爆发,全球化在以电力的广泛运用为标志的第二次科技革命和西方列强的资本输出的推动下得以迅速发展。西方列强运用资本输出,变本加厉地对落后国家和地区进行扩张,彼此之间争夺世界市场的竞争日趋激烈,世界经济的发展出现了不平衡。第

---

[1] 马克思恩格斯文集(第3卷)[M].北京:人民出版社,2009:553.
[2] 马克思恩格斯文集(第5卷)[M].北京:人民出版社,2009:860.

二次科技革命的爆发，特别是电力的广泛运用，大大推进了资本主义生产力的发展，并促使资本主义从自由竞争阶段迈入了垄断阶段，即帝国主义阶段。在此期间，工业资本与银行资本开始密切结合，金融垄断资本对世界贸易发展的操纵越来越强，资本主义世界经济体系逐步形成。国际贸易的繁荣和国际资本、劳动力的大规模流动，预示着到第一次世界大战前，全球化进程达到了一个新的阶段。

1914年至1918年的第一次世界大战和1939年至1945年的第二次世界大战，是人类发展史上的具有标志性的重大事件。两次世界大战打断了全球化的发展进程。这两次世界大战的爆发都源于帝国主义瓜分世界和重新瓜分世界。这两次世界大战给人类社会的发展带来了巨大的伤害，对于全球化的发展来说，亦造成了毁灭性的打击。由于战争的巨大破坏性，在两次大战期间，国际货物贸易几乎处于停滞阶段，如1913—1938年的25年内，世界货物贸易量平均增长率仅为0.7%，世界货物贸易值也减少了32%。而1938—1948年，受第二次世界大战影响，全世界出口也几乎为零。

战争使欧洲列强的元气大伤，特别是英国由于战争的拖累和消耗，其世界霸主的地位开始衰落。美国由于国土远离欧洲战场从而避免了损伤，并大发战争财，经济实力大增，从而取代了英国的世界霸主地位，成为世界头号霸权国家。两次世界大战的一个重要政治结果就是社会主义由理论变为实践、由一国实践变为多国实践，同时出现了一系列民族独立国家。

二战后，全球化又获得了新的发展。美国凭借其超群的经济实力主导制定了国际金融和国际贸易体制与机制。布雷顿森林体系、国际货币基金组织、世界银行和关贸总协定（世界贸易组织的前身）都是在美国的主导和掌控下建立起来的。这些组织、协定使得世界经济和贸易的发展迈向规范化、体系化和制度化。某种程度上说，20世纪50年代至70年代初，是西方经济发展的"黄金时代"。可以说，二战后在美国霸权维持的和平下，全球化进程取得了巨大的进展。这一方面体现在以跨国公司为代表的经济力量对世界市场整合的推动；另一方面体现为运输通信技术的革新，使物质与信息的流动可以跨越空间的障碍。由美国霸权主导的全球化进程使美国式的制度、文化价值观念等成为许多国家模仿的对象。

（三）全球化的当代发展

从20世纪70年代开始，全球化进入了当代发展阶段。20世纪70年代，随着西方国家经济政策的调整，新技术的创新和扩散，苏联解体、东欧剧变，发展中国家纷纷实行经济自由化和开放政策等因素促成了这一阶段全球化进程的发展。众所周知，20世纪70年代，西方主要资本主义国家，由于受到长期奉行的凯恩斯主义的影响，普遍受到经济"滞胀"的困扰。为了摆脱经济"滞胀"的局面，西方发达国家纷纷调整经济政策，逐步放松对经济活动的管制，特别是对金融、交通运输和信息通信技术等服务业采取了自由化措施。这些措施的实施，既增强了企业的竞争力和经济体制的活力，又助长了经济、金融、政治等领域的过度投机、泡沫、腐败和丑闻。从20世纪70年代后期开始，技术创新加速，尤其是由微电子技术带动的信息和通信技术发展十分迅猛，从而引发了影响广泛的信息革命。这些技术创新一方面仍然局限于资本主义全球化发展的需要，另一方面在客观上大大缩短了世界各民族、国家和地区之间的时空距离，为全球贸易、投资和金融业务的开展提供了十分便捷的条件。

20世纪80年代末90年代初，苏联解体和东欧剧变，标志着冷战的结束。这一过程是在新自由主义主导下进行的，因此，20世纪90年代开启的全球化，也被称为新自由主义全球化。新自由主义在国际垄断资本的推动下，以"华盛顿共识"作为推动民族国家发展的"灵丹妙药"而在全球扩展，但是，回顾新自由主义全球化的发展历程，我们看到彻底贯彻和推行新自由主义改革方案的国家和地区却陷入了经济危机、政治革命和社会变革不断，社会濒临崩溃的泥潭之中。

2008年国际金融危机、经济危机的爆发及其影响的长期性，使新自由主义陷入了重重困境，新自由主义全球化的弊端和问题也被充分地暴露出来。为了摆脱新自由主义全球化的困境，美国采取了孤立主义、保守主义和保护主义等"逆全球化"政策，全然不顾全球化的历史大趋势，开全球化发展的历史倒车，给人类社会和全球化未来的发展蒙上了一层阴影。中国作为最大的发展中国家和社会主义大国，积极推动和构建更具开放性、包容性、普惠性和共享性的新型全球化。中国坚持维护经济全球化，推动包容性增长，维护多边体制权威性和有效性，促进贸易和投资自由化、便利化，改革和完善国际经贸规则，保障各国在国际经济合作中权利平等、机会平等、规则平等。中国提出的"一带一路"倡议和"人类命运共同体"理念是中国为陷入困境的全球化提供的中国方案和中国智慧。正如习近平总书记所说，要坚定不移推进经济全球化，引导好经济全球化走向，打造富有活力的增长模式、开放共赢的合作模式、公正合理的治理模式、平衡普惠的发展模式，牢固树立"人类命运共同体"意识，共同担当，同舟共济，共促全球发展。

三、文化交往的历程考察

文化交往作为表征人类生存和发展的方式，在人类历史发展的过程中，发挥着不可替代的作用。正如罗素所言，不同文明之间的交流过去已经证明是人类文明发展的里程碑。[1]各民族间文化交往是伴随着人类的实践活动而展开的，特别是伴随着各民族之间交往而产生的，从这种意义上说，民族文化交往与民族交往具有同生性，体现为共源的关系。众所周知，在漫长的人类历史发展进程中，人类早期各民族是在相对封闭的条件和状况下独立形成和发展独具各自民族特色的文化体系的，这些文化体系以四大文明古国的文化系统最具代表性。但是，随着人类活动空间和范围的不断扩大，生产力、生产工具、科学技术的发展，特别是人类航海技术的进步，尤其是15世纪后期，哥伦布远航发现新大陆之后，世界各民族之间的交往日益增多与频繁，这有力地促进了各民族文化的交往与联系。从人类历史发展的宏观维度来看，人类文化交往的历程，可以分为前全球化时代的世界文化交往和全球化时代的世界文化交往两大阶段。

（一）前全球化时代的世界文化交往历程

众所周知，文化与人类是同时诞生的，但作为表征人类生存和发展方式的文化交往却是后来才出现的现象。因为，文化交往的出现主要取决于

---

[1] 转引自汤一介.新轴心时代的中国文化定位[M].北京：社会科学文献出版社，2003：5.

两个方面的因素，一个是人类要有文化交往的欲望或需要，另一个是要有满足人类文化交往的条件或手段。人类伊始，人类文化交往的这两方面的因素，或是两个都不能满足，或是只能满足其中一个。这就导致了，人类早期不同民族文化之间尚无交往的可能，同时也意味着，由于交往条件或工具的限制，人类早期不同文明之间几乎处于彼此隔绝或隔离的状态中。即使后来，随着人类社会的不断发展，人类早期不同民族文化间出现了交往的现象或迹象，但由于交往时间、交往工具、交往技术等诸多因素的限制和阻碍，民族间文化交往难以长时间维系。正如阿尔君·阿帕杜莱所指出，"直到过去的几个世纪之前，……在社会以及空间上彼此隔绝的群体之间的文化交往通常是代价高昂的，只有付出极大的努力才能持续一定的时间"[1]。这里需要明确指出的是，虽然人类早期不同民族间文化交往是一个相对罕见的现象或零星发生的事件，但民族间走向文化交往已是人类历史进步的必然趋势和各民族发展的必然选择。众所周知，任何事物的发展都需要一个过程，表现为不同的发展阶段，人类文化交往概莫能外。正如文化自身的发展表现为一个漫长的由简单到复杂、由贫乏至丰富、由小到大、由弱达强的过程一样，民族间的文化交往亦经历了一个从零星地偶发到频繁地发生、从断断续续到长时间维系的发展过程。

1.游牧文化与农耕文化之间的交往

一般来说，前全球化时代是个较为宽泛的时间概念或范畴，通常可以将其大致界定为从公元前3000年到公元1500年这一历史时期或阶段。前全球化时代的文化交往主要表现为农耕民族文化与游牧民族文化之间的交往。在漫长的人类历史发展进程中，最初的几个文明体系或文明古国都是倚傍大江大河而建立的。因为在大江大河附近，气候适宜，水资源丰富，这使农业的发展具备了得天独厚的条件和优势。这也为农耕文明的产生和发展提供了重要前提和基础。从地理位置来看，农耕文明的南面是地域广阔的沙漠或者海洋，而其北面则是一望无际的欧亚大草原和崇山峻岭。与

---

[1] 阿尔君·阿帕杜莱.全球文化经济中的断裂与差异[M].汪晖,陈燕谷,主编.北京:三联书店,1998: 521-522.

农耕文明同时并存的游牧民族大都生活在比较恶劣的自然环境中，他们以放牧为生，因此，牛马羊等牲畜是他们赖以为生的动物。由于游牧民族以追逐水草为生，致使他们的生活具有极大的漂泊性或不稳定性，又由于他们的生产力相对于农耕民族来说较为低下，若是遇到自然灾害，生存就会遇到极大的挑战。农耕文明的出现，是人类历史发展过程中的重大变革，它使人类生产和生活都发生了划时代的变革。农耕文明相对于游牧文明来说，最大的特点和优势，就是定居式的农业生产和生活方式，具有相对的稳定性。这对于尚处于漂泊状态的游牧民族来说，具有极大的吸引力。这样大约从公元前3000年开始，游牧民族（游牧文明）掀起了向农耕民族（农耕文明）迁徙的序幕。从而也促进了游牧民族文化与农耕民族文化之间的交往，大大加快了游牧民族向先进文明学习、借鉴的进程与步伐。

纵观人类历史发展的过程，比较大的游牧民族（游牧文明）与农耕民族（农耕文明）的交往一共有三次。第一次游牧民族（游牧文明）与农耕民族（农耕文明）的交往，发生在公元前3000年到公元前600年左右。这一次交往的发起者是生活在里海和黑海之间主要使用原始雅利安语的游牧民族，其中的一支逐渐向欧亚大陆南面的农耕民族生活的地区迁移，最后进入了巴尔干半岛、希腊。第二次游牧民族（游牧文明）与农耕民族（农耕文明）的交往，发生在公元前600年到公元5世纪。这一时期，以日耳曼民族、匈奴人、大月氏人等为代表的游牧民族的迁徙，增进了农业民族与游牧民族之间的交往，但同时也在客观上加速了秦帝国和罗马帝国的灭亡与瓦解。第三次游牧民族（游牧文明）与农耕民族（农耕文明）的交往，发生在公元12世纪左右。这一时期的文化交往主要表现为蒙古高原上的蒙古人和中亚草原上的突厥人对南部农耕文明地区的不断渗透。这次文化交往产生了巨大的文化成果。它激发了西方基督教文明的内在发展与变革。西方人正是通过之后所展开的文艺复兴、宗教改革和启蒙运动等一系列文化变革，在政治上以宪政和民主体制取代了专制制度，并在资本原始积累的基础上，主要西方国家相继完成了工业革命，从而使西方现代性文化得以逐步形成、确立和完善，进而对后世的世界文明发展产生了巨大的影响。

2."轴心时代"的人类文化交往

前全球化时代文化交往除了表现为游牧民族（游牧文明）与农耕民族（农耕文明）的交往之外，还表现为古典时期和中世纪时期的文化交往。古典时期和中世纪时期大致相当于公元前1000年至公元500年这一历史阶段。这一历史时期，对于人类社会历史的发展尤为重要，其既是人类文化大发展的历史时期，也是人类文化交往普遍而广泛展开的时期。德国思想家卡尔·雅斯贝尔斯在《历史的起源与目标》一书中明确提出，大约在公元前600年至公元前300年间，是人类文明的"轴心时代"。"轴心时代"发生的地区大概是在北纬30度上下，就是北纬25度至35度这一区间。这段时期是人类文明精神的重大突破时期，人类社会出现了中华古典文化、印度古典文化、希腊古典文化和罗马古典文化等光辉灿烂的文化体系或文化形态。在轴心时代里，各个文明都出现了伟大的精神导师——古希腊有苏格拉底、柏拉图、亚里士多德，古罗马有西塞罗，古印度有释迦牟尼，中国有孔子、老子等，他们提出的思想原则塑造了不同的文化传统，也一直影响着人类的生活。这些古典文化体系或文化形态的形成与发展，极大地促进了人类文化交往。这一时期之所以会出现人类文化交往范围的扩大和文化交往频率的提高，主要得益于交通和贸易的发展，以及几个重要大帝国的建立。

从商业交通和商业贸易的发展来看，这一时期，人类生产力水平显著提高，生产的发展不仅产生了对外贸易的需要，而且极大地促进了交通的发展。这一时期商业贸易，主要是通过陆路通道和海上通道得以实现的。欧亚大陆上的陆路通道就是著名的"丝绸之路"。陆上丝绸之路起源于西汉汉武帝派张骞出使西域开辟的以首都长安（今西安）为起点，经中亚国家、阿富汗、伊朗、伊拉克、叙利亚等而达地中海，以罗马为终点，全长6440千米。这条路被认为是联结亚欧大陆的古代东西方文明的交汇之路。环绕欧亚大陆的海上通道就是著名的"海上丝绸之路"。海上丝绸之路从中国东南沿海，经过中南半岛和南海诸国，穿过印度洋，进入红海，抵达东非和欧洲，成为古埃及与古印度之间贸易往来的海上大通道。从事商业贸易的商人不仅是商业发展和商品交流的发起者、促进者和承载者，同时也是文化交往的使者。从某种意义上说，这一时期的商业贸易往来多发达，人类文化交往就多发达，文化交往与商业贸易成正比例关系。

从大帝国的建立而言，这一时期人类社会发展出现了亚历山大帝国、古罗马帝国和汉帝国等大帝国。这些帝国大多疆域辽阔，其中亚历山大帝国和古罗马帝国更是横跨了欧亚非三大洲。例如亚历山大帝国，其疆域东起葱岭与印度河平原，南至波斯湾并包括埃及，西到色雷斯和希腊，北抵黑海及阿姆河。古罗马帝国版图最大时，西起西班牙、不列颠，东到幼发拉底河上游，南自非洲北部，北达莱茵河与多瑙河一带。众所周知，帝国既是文化汇聚的中心，又是文化向四周辐射传播的中心，这样就使帝国兼备了文化汇聚与文化传播的功能。从帝国形成的历史来看，帝国往往都是作为征服的结果而出现的，在这一征服的过程中，征服者自身具有自己的文化，同时又要面对被征服者的文化，甚至又被被征服者的文化所征服，正如马克思所说，野蛮的征服者总是被那些他们所征服的民族的较高文明所征服。恩格斯也明确指出，在长期的征服中，比较野蛮的征服者，在大多数情况下，被被征服者所同化，而且大部分甚至还不得不采用被征服者的语言。帝国形成与扩张过程中的这种征服者被被征服者文化所同化的文化现象，极大地促进了人类文化的互动、交往和融合。希腊化时期人类的文化交往就为这种征服者被被征服者文化所同化的文化现象提供了很好的例证和诠释。公元前336年，人类历史发展进入了希腊化时期，在这一时期，希腊文化开始走出希腊本土，向东方世界传播；与此同时，东方世界的文化也通过征服者回传到西方。这一时期，就出现了人类文化交往史上较为重要的东西方文化交流互鉴的过程。之所以言其是东西方文化交流互鉴的过程，就在于，这一时期人类文化交往，出现了东西方文化"互化"的现象或过程，即希腊文化"化"东方（东方文化"西方化"），东方文化"化"西方（西方文化"东方化"）。"希腊化时期之于文化交往的意义是，它打破了历史上形成的东西方各自独立的文化模式，促进了他们的互相交往和互相融合，从而形成联结东西方文化的、高度发达的文化区。"[1]

事实上，在人类历史的发展过程中出现的跨文化帝国，都毫无例外地凭借其拥有的强大的经济、政治、军事等实力，自觉或不自觉地推动和促进了民族间文化的交往与融合，从而在人类文化发展史上，特别是在人类文化交往史上做出了不可磨灭的贡献。我们不能否认，任何事物的发展都存在一个产生、发展和灭亡的过程，帝国的发展亦不例外，帝国的灭亡是人类历史发展的必然。但帝国所播下的文化种子，所挖掘的民族间文化交往、传播和融合的渠道，所实现的民族间文化的交往和融合事实本身却随着人类历史的发展而沉淀和延续下来了。这些都为后来的人类文化的繁荣发展，特别是民族间文化交往提供了理论借鉴和实践经验。

（二）全球化时代的世界文化交往历程

马克思、恩格斯虽然没有直接使用过全球化这个概念，但是，他用"历史向世界历史的转变"这一命题，表征了全球化这一人类社会发展的客观历史过程。在《德意志意识形态》《共产党宣言》和《资本论》等一系列著作和手稿中，马克思、恩格斯创立了作为唯物史观重要内容的世界历史理论。在马克思、恩格斯看来，正如世界历史不是从来就有的一样，全球化也是人类社会发展到一定阶段的必然结果，从一定意义上说，全球化是人类社会生产力、分工和交往发展到资本主义阶段的必然产物。

从16世纪开始，随着资本主义生产方式在欧洲的确立与发展，欧洲大陆许多国家的商品经济和大工业生产得到了迅猛的发展。这一时期也实现了人类历史发展过程中由以农业为本向以商业为本的转向。资产阶级完成了以大机器生产为主要标志的工业革命。大机器的普遍使用代替了手工工具，从而极大地促进了商品经济和市场经济的发展。从此，西方主要国家摆脱了农业社会，步入了工业社会，进而完成了人类文明发展史上的一次意义深远的文明转型，即从农业文明向工业文明的转型。这一过程也打破了各民族之间保守封闭的状态，极大地增进了各个国家之间的文化交往。随着西方国家的对外扩张，原来民族、国家的封闭状态被各民族之间日益

---

[1] 桂翔.文化交往论[M].北京：人民出版社，2011：52.

频繁的交流往来所代替,各民族、国家之间的相互往来和依赖程度日益增强,同时,在这一过程中,各民族、国家的生产和需要也逐渐摆脱了自给自足的保守封闭状态,开始向世界性的生产和需要迈进。总体来说,全球化时代的文化交往大致经历了三个发展阶段。

1.商业资本主义时代:"重商主义"主导下的文化交往

第一阶段是从15世纪后期到19世纪。这一阶段是人类发展史上较为重要的历史时期之一。考察资本主义发展史可知,这一阶段是资本主义原始积累时期,它以资本利润最大化为原始动力,对东方农业文明进行了疯狂的征服与掠夺。这里需要指出,这一过程的产生与发展是以新大陆的发现与开辟为开端和契机的。15世纪后期,随着哥伦布发现美洲新大陆,迪亚士和达·伽马等开辟了通达亚洲的航线,麦哲伦完成了环球航行,这些人类历史上的航海和环球壮举宣告了东西两个半球互相隔绝的历史的终结。航海大发现使大陆之间交流得以可能,从而实现了汤因比所说的从草原到海洋的"革命性变革"。地理大发现开辟了东西方交往的新航线,极大地促进了世界商品的流通,增进了欧洲与世界各地的交互往来,大规模的海外扩张和掠夺性贸易,揭开了资本原始积累的序幕。

这一阶段,资产阶级作为新兴的阶级和先进生产力的代表,表现出了不可阻挡的生机与活力。资产阶级通过积极开展海外贸易,大大加快了资本原始积累的步伐,正如马克思所说,"殖民制度大大地促进了贸易和航运的发展……在欧洲以外直接掠夺、奴役和杀人越货而夺得的财富,源源不断流入宗主国,在这里转化为资本"[1]。这一时期,资本原始积累发展到了近似疯狂的程度。正如马克思所说,资本来到人间,每个毛孔都滴着血与肮脏的东西。随着越来越多的海外殖民地的建立,掠夺性国际贸易的发展,加速了西方国家殖民主义侵略、剥削和掠夺的步伐,这给被殖民的国家和被压迫的民族的生存发展带来了前所未有的灾难。近代中国两次鸦片战争,就使中国广大人民的生活陷入了水深火热之中。这一时期许多美洲、非洲、东南亚的一些国家和地区也都遭到了程度不同的殖民压迫和掠

---

[1] 马克思恩格斯全集.(第23卷)[M].北京:人民出版社,1972:822.

夺。但在这里，我们必须明确，资产阶级充当了推动历史发展的不自觉的工具。伴随着欧洲殖民者对新发现疆域的扩张、侵略和殖民掠夺，世界市场也从欧洲拓展到美洲、亚洲和非洲等许多国家和地区，从而客观上加强了世界各大洲之间和各民族国家之间的交往与联系。

从16世纪开始，西欧主要资本主义国家的工场手工业得到了迅速发展，封建制度逐渐被资本主义制度所取代。工场手工业的出现和普及极大地促进了商品贸易的发展，从16世纪到18世纪，西欧对外贸易空前发展，国际贸易迅速发展，国际贸易量显著提升。特别是在西班牙和葡萄牙殖民者的开拓下，欧洲与亚洲、美洲之间的跨洋贸易得到了极大的发展。跨洋贸易的发展使欧洲、亚洲和美洲的发展紧密地联结在一起，从而极大地激发和促进了大西洋、地中海、北海、波罗的海等地域的贸易发展。罪恶的奴隶贸易是这一时期跨洋贸易的核心。据相关资料记载，1771年英国贩卖奴隶的海船达到了190艘，英国在1686年到1780年间共向美洲贩运了230万非洲黑奴。到了19世纪，欧洲殖民者加速了其侵略和扩张的步伐。1800年大英帝国有150万平方英里的土地和2000万人口，但是，随着殖民扩张的加速，到了1900年，维多利亚女王时代，大英帝国的疆域达到了1100万平方英里，人口达到了惊人的3.9亿。西欧的这种对外殖民扩张，不仅对被殖民的国家发展产生了重要的影响，而且对世界的发展，特别是文化交往的发展产生了重要的影响。从人员流动的角度看，西欧的殖民侵略与扩张不仅意味着世界人种的重新分布，而且促进了世界动植物的洲际大迁移、大交流，从而极大地促进了世界各地的经济、政治和文化的联系，在客观上增进了各民族之间的文化交往。正如恩格斯在《共产主义原理》中所指出：单是大工业建立了世界市场这一点，就把全球各国人民，尤其是各文明国家的人民，彼此紧紧地联系起来，致使每一个国家的人民都受着另一个国家的事变的影响。

2.产业资本主义时代："自由贸易"主导下的文化交往

第二阶段可以大致概括为从第一次世界大战、第二次世界大战之后到20世纪五六十年代。这段时期，人类文化交往是以国际金融和国际贸易体制的形成、国际贸易的迅速发展和资本、劳动力的大规模的国际性流动，以及跨国公司的出现为主要特征的。众所周知，20世纪的前半段，人类社会经历了两次世界大战，战争严重阻碍和破坏了经济的发展，人类社会的经济发展出现了大萧条，跨国贸易发展受到了巨大重创。国际经济关系由于受到政治因素、军事事件的负面影响，不仅没有扩大和加强，反而出现了大倒退。这对于人类社会的交往来说，的确处于十分艰难和曲折的历史阶段。但是，随着第二次世界大战的结束，特别是第三次科技革命的出现，交通工具、通信技术、电子计算机技术等都得到了快速发展，同时，世界银行、国际货币基金组织、关贸总协定（世界贸易组织的前身）先后建立，国际贸易、国际金融、国际投资都取得了快速的发展。与此同时，世界贸易和资本流动的国家壁垒逐步被削弱，几个主要发达国家的关税率也大幅度降低。这些都为跨国经济和贸易的发展创造了便利条件和必要的外部环境。

在这一时期，大的跨国公司在促进人类文化交往过程中，展示了其巨大的能量，它在人类交往中扮演了发动机的角色。大的跨国公司出于对利润最大化的追求，在市场价值规律的驱使下，往往将生产工厂开设在广大的发展中国家。一般来说，导致这种状况的原因主要有：第一，在广大发展中国家，有着丰富的原材料、资源、土地等生产要素；第二，更为重要的是发展中国家的劳动力极其廉价；第三，广大的发展中国家又具有巨大的潜在消费市场，这样可以实现本地生产本地消费，大大降低了交通运输等环节的成本，从而使利润率得到了大幅度的提高。大的跨国公司作为一种集投资、贸易、金融和技术转让为一体的经营主体，其存在和发展极大地促进了世界经济的发展和各国文化的交流与往来。大的跨国公司利用在国际分工中的优势和垄断地位，在全球范围内组织生产和销售，利用世界各地的生产优势来组织生产，从而最大限度地降低成本，实现了利益的优化。大的跨国公司的这种生产经营模式，把世界各国，包括发达资本主义国家、发展中国家的生产和人民的生活紧密地连接起来，从而使人类社会的发展形成了一种互相渗透、互相依存的经济生产和文化交往格局。

3.金融资本主义时代："新自由主义"主导下的文化交往

第三阶段肇始于20世纪七八十年代一直延续至今。这一时期的全球化交往得益于新的科技革命，特别是信息革命给人类交往带来了前所未有的变革，这又极大地促进了技术创新、制度创新和资本走向国际化。与此同时，跨国公司、全球公司迅速增长，它们充分发挥自身的资金、管理、人员和技术等方面的优势，对其他民族国家经济社会发展进行渗透的同时，也极大地促进各民族国家之间的文化交往。近年来，许多学者认为，20世纪90年代是全球化发展进程的关键时期，全球化也正是在这一阶段获得迅猛发展的。有的学者（如杨雪冬）甚至认为，20世纪90年代是真正意义上的全球化时代。对此，他提出了三个方面的理由：第一，全球化进程在20世纪90年代取得了质的变化。这种质的变化不仅体现在信息技术的变革推动的经济活动领域、活动主体快速增长的全球社会领域，以及信息快速传播、文化互相交织的文化领域中，更体现在全球制度化建设上。第二，在观念领域中，全球化已经深入人心，成为人们描述和认识当代世界变迁的重要概念和切入点。第三，世界性金融危机的爆发（例如1997年亚洲金融危机）全面暴露了全球化本身的弱点以及潜在的破坏力，使人们更全面地认识到全球化的两面性以及各种社会制度相互协调行动，相互支持在解决全球性灾难问题上的必要性和迫切性。20世纪90年代是否可以被看作是真正意义上的全球化时代，这是今后很长一段时间学者们仍将争论的话题，但是，不可否认的是，20世纪90年代，的确出现了人类文化交往频繁发生且广泛发展的景象。在这一阶段中，人类全球化的进程显著加快，全球性机构和组织的数量大幅增加，人们的全球交往意识也显著增强。

20世纪90年代末期，随着苏联解体、东欧剧变，人类社会进入了"后冷战阶段"。有人甚至认为，这是资本主义自由与民主的观念的胜利，是社会主义运动和制度的失败。日裔美籍学者弗朗西斯·福山甚至提出"历史终结论"的论调。"历史终结论"的论调是那么地经不起人类历史发展的检验与洗礼，国际政治的现实发展证明了，西方民主制度不仅没有获得所谓的最终胜利，反而由于近年来相继出现的次贷危机、中东乱局、英国脱欧等事件，引发了西方社会内部及广大发展中国家对以经济自由、政治民主为核心内容的新自由主义制度的广泛质疑与反思。近年来，中国民主政治制度建设取得的成功，不仅是对西方资本主义民主制度的扬弃，而且也宣告了"历史终结论"的彻底破产。随着中国在世界舞台上发挥的作用越来越大，我们可以肯定地说，中国将对全球化时代的人类社会的发展做出重大的贡献，并将为全球化时代的文化交往提供中国理念、中国智慧和中国方案。

（三）全球化时代的中国文化交往历程

行文至此，在前文探讨了全球化时代世界文化交往历程之后，我们将在下面对全球化时代中国文化交往历程做一简要的探讨。这样做似乎显得有些多余或没有必要，且给人一种中国文化交往游离于世界文化交往之外的嫌疑。事实上，无论就人类社会发展的历史和现实而言，还是从世界文化发展的未来趋势来看，中国文化的存在与发展，都不可能游离于世界文化发展的进程之外。之所以这样安排，主要是出于以下几个方面的考虑：第一，前文关于全球化时代世界文化交往历程的探讨主要是从宏观视角进行的，是对全球化时代世界文化交往的粗线条的阐释，其中虽然波及了一些中国文化交往问题，但是缺乏微观维度的分析；第二，本书研究的主题虽然是全球化视阈下文化交往战略问题，但是，从研究的目的而言，最终还是要落在中国文化交往战略问题上，因此，从微观维度来考察全球化时代中国文化交往历程问题，对于全面认识和深刻把握中国未来文化交往问题具有十分重大的理论意义与实践价值；第三，中华文化具有5000多年悠久的历史，且是人类文明史上迄今为止唯一没有中断过的文明形态，梳理和考察全球化时代中国文化交往历程，可以为构建新型全球文化交往战略提供镜鉴与启示。

文化交往是促进人类社会不断向前发展的主要动力，中华文化正是在与其他文化不断交往的过程中，实现自身的进步和促进世界文化繁荣发展的。中华民族对外文化交往的历史十分悠久，最早可以追溯到汉代张骞出使西域和甘英与古罗马帝国的接触，后续较为重大的文化交往包括，宋元时期四大发明经阿拉伯人传入欧洲，马可·波罗通过其撰写的《马可·波罗游记》向欧洲介绍中国文化。后来，随着新航线的开辟，出现了天主教传教士东来、中国儒学入欧的文化交往局面。近代随着帝国主义列强的入侵，中国被强行纳入了现代化的进程。中国走向现代化的时代，就是中国步入全球化的时代,就此而言,在中国,全球化与现代化具有相同的意蕴。全球化时代的中国文化交往经历了如下几个阶段。

1. 第一阶段以洋务运动为标志

第二次鸦片战争的失败,产生的后果有很多方面,除了割地和赔款以外,也促使了清政府内部分化为顽固派和洋务派。顽固派(以慈禧太后为代表)主张,继续沿用旧有的封建制度进行统治,仍旧做"天朝上国"的美梦,因循守旧,愚昧无知,盲目排外,仇视一切外国事物,幻想恢复"闭关锁国"的局面。洋务派(以曾国藩、林则徐、魏源为代表)主张,向西方学习,利用西方先进的生产技术,从而达到富国强兵,维护清王朝统治的目的。洋务运动在"中学为体,西学为用"的思想指导下,提出了"师夷长技以制夷"的西学口号。洋务运动早期,洋务派高举"自强"旗号,向西方学习先进技术,创办了一批近代军事工业,如江南机器制造总局、福州船政局、天津机器局等,这些军事工业的发展,为军队装备了大炮、机械、蒸汽轮船等武器,为近代中国国防发展做出了重要贡献。洋务运动后期,洋务派打出"求富"的旗号,兴办了一批民用工业,如上海轮船招商局、汉阳铁厂、湖北织布局等,这些民用工业的发展,为近代中国民族经济的发展奠定了基础。中日甲午战争中,北洋水师的全军覆灭,在宣告洋务运动破产的同时,也证明了洋务运动没有使中国走上富强道路。究其原因,主要在于洋务派受制于"中学为体,西学为用"思想的束缚,其对西方文化的认识,还仅仅停留在"器物文化"的层面,并没有触及西方文化的核心要素。

2. 第二阶段以戊戌变法和辛亥革命为标志

众所周知,虽然洋务运动使中国在救亡图存的道路上迈进了一大步。但是,中日甲午战争的失败,也用血淋淋的事实,告诫中国的有识之士,仅仅学习西方的科学技术,只求坚船利炮,只引进西方的物质文明,不可能真正实现挽救民族危机的历史任务,要使中国富强起来,就必须从根本上改变落后的封建政治、经济和教育制度等。正是在这种背景下,以康有为、梁启超为代表的维新人士,开启了中国学习西方民主政治制度的先河。由于以慈禧太后为首的封建顽固派发动政变,戊戌变法宣告失败。以孙中山为代表的资产阶级革命派,认为不推翻清王朝的腐朽制度和封建制度,建立现代国家,中国富强就无从谈起,于是发动了辛亥革命。辛亥革命推翻了封建帝制,建立了真正的民主共和国,一定程度上促进了中国资本主义的发展。但是,由于袁世凯盗取了辛亥革命的胜利果实,反帝反封建的历史任务并没有完成。虽然,戊戌变法和辛亥革命都以失败而告终,但是,它们标志着,近代中国有识之士,在向西方文明学习的过程中,已经从洋务派的学习西方文明的"器物"层面,到达了西方文明的中间层面即"制度"层面。

3.第三阶段以五四新文化运动为标志。第一次世界大战后,中国的有识之士开始对学习西方文化进行深刻的反思,李大钊、陈独秀等人发起了以民主(德先生)和科学(赛先生)为口号的新文化运动。对于处于危难之中的中华民族和中国人民而言,新文化运动既是一场轰轰烈烈的反对帝国主义的爱国运动,同时也是中国由旧文化向新文化转型的文化运动。新文化运动通过倡民主反专制、倡科学反迷信、倡新道德反旧道德等思想,对旧中国的黑暗的封建专制制度进行了无情的批判,在中国思想文化的现代性建构和大众思想启蒙方面做出了积极的贡献。从这种意义上说,新文化运动标志着中国向西方学习的进程已经触及了西方文化的深层结构即精神文化或思想文化层次。与此同时,在与五四新文化运动相伴而生的爱国政治运动中,中国工人阶级作为一支独立的政治力量登上了历史舞台。俄国十月革命,使马克思主义在中国安家落户,广泛传播开来。马克思主义在中国的传播在中国社会发展历程中,具有十分重要的意义。正是在马克思主义与中国工人运动相结合的基础上,诞生了中国共产党。中国共产党以马克思主义为指导思想,使中国革命发生了翻天覆地的变化,领导中国人民推翻了帝国主义、封建主义和官僚资本主义三座大山,完成了新民主主义革命的胜利,建立了新中国。

总之,中国近代通过向西方学习,不断增强了与西方文化的交往,这个历程表现为由浅入深、由表及里的递进嬗变过程,即由"器物层面"到"制度层面"再到"精神层面"。地主阶级洋务派"在中学为体,西学为用"的思想指导下,提出了"师夷长技以制夷"的西学口号,开启了中国向西方物质文化学习的阶段；资产阶级维新派和革命派，开启了中国向西方制度文化学习的阶段；新文化运动开启了中国向西方思想文化学习的阶段。

4.第四阶段以新中国成立为标志。新中国成立初期，由于以美国为首的西方发达国家，对我国实行政治上孤立、经济上封锁、军事上遏制政策，致使新中国的文化交往工作受到严重影响。这一时期的文化交往主要是由政府主导下的与广大社会主义国家、亚非拉发展中国家和部分西方国家之间展开的。这一时期，通过国家艺术节、文艺演出、文化代表团互访等形式，增进了所访国家人民对新中国的了解，冲破了敌对势力对新中国的封锁和遏制。这里需要指出，虽然"文革"时期，中国的文化交往工作受到了严重影响和破坏，但是文化交往工作并没有完全停止，1971年，随着中国在联合国的合法席位得到恢复，许多国家同中国建交，并与我国开展文化交往，随着中日建交，推动了中国与法国等发达国家关系的发展，特别是著名的"乒乓外交"在打破中国关系的僵局中发挥了重要的作用，在新中国文化交往史上描绘了浓墨重彩的一页。总体来说，这一时期的文化交往对新中国的建设起到了雪中送炭、锦上添花的作用，为20世纪70年代中国开辟文化交往新局面、走向世界奠定了基础。

5.第五阶段以党的十一届三中全会为标志。1978年党的十一届三中全会的召开，标志着中国进入了改革开放的新阶段。从十一届三中全会后到1992年邓小平南方谈话，我们主要围绕"姓资姓社"这一问题展开争论的同时，谨慎地引进和吸收西方的商品、设备和技术等物质文化。从邓小平南方谈话到中国加入世界贸易组织（WTO）之前这段时间，中国开始在引进和学习西方物质文化的同时，开始学习和借鉴适合我国国情的西方的制度文化和价值观念。从我国入世之后至今，在学习西方文化的同时，中国积极向世界宣传中华优秀文化思想，加快了中国文化迈向世界的步伐。2008年，全球金融危机爆发，"逆全球化"的迹象日益明显，全球化将向何处去？世界经济将向何处去？人类社会发展将向何处去？这是摆在人类面前的重大问题。2013年9月和10月，习近平总书记先后提出了"丝绸之路经济带"和"21世纪海上丝绸之路"的主张，"一带一路"倡议的提出，是"逆全球化"下，中国为解决上述问题而向世界提供的中国方案。2016年，随着特朗普当选美国总统和英国举行脱欧公投，经济保守主义、贸易保护主义复兴，这些都对全球化进程造成一定的阻碍和影响。在人们普遍对世界经济发展前景感到迷茫，反经济全球化思潮、民粹主义、贸易保护主义明显上升的背景下，习近平总书记在世界经济论坛2017年年会开幕式上发表题为《共担时代责任共促全球发展》的主旨演讲，并强调要坚定不移推进经济全球化，引导好经济全球化走向，打造富有活力的增长模式、开放共赢的合作模式、公正合理的治理模式、平衡普惠的发展模式，牢固树立"人类命运共同体"意识，共同担当，同舟共济，共促全球发展。"一带一路"倡议和"人类命运共同体"思想是中国为当代世界文化交往提供的中国方案和中国智慧，其在实现中华文化繁荣发展的同时，必将极大地促进民族间文化的交往与融合。

四、马克思恩格斯全球化思想下文化交往的内在机理

从本质上说，文化交往植根于人类的实践活动，从这种意义上说，人类的实践活动对于文化交往的形成具有本体论的意义。在唯物史观的视阈内，文化交往从属于物质交往，是在物质交往中形成和发展的。全球化视阈下的文化交往亦是植根于人类的生产实践，并随着人类生产实践和物质交往的全球化而生成与发展的。

（一）人的实践活动是文化交往发展的源泉

马克思主义认为，生命活动的性质展现着一个种的全部特性、种的类特性，而人的类特性就是自由的有意识的活动。这种自由的有意识的活动的基本形式就是劳动，正是通过劳动，人使自然界与社会表现为人的作品和人的现实，并为人而存在。因此，对于人而言，"全部社会生活在本质上是实践的"[1]。实践作为人的根本存在方式，体现着人与自然之间的物质交换过程，人正是不断地通过与自然之间的物质交换才得以存在和发展

---

[1] 马克思恩格斯选集（第1卷）[M].北京：人民出版社，1995：56.

的，同时这一过程内在地包含着人与人之间的社会物质交换过程。这意味着，无论是对自然物的占有抑或是需要的满足，人的实践活动都是以人与人之间的交往作为中介而展开和实现的。不可否认，人与人之间的交往在人与自然之间的物质交换过程中发挥着不可替代的作用，但从二者的内在关系而言，人与自然之间的关系是人与人之间关系形成的基础和前提，因为，人们正是在处理与自然之间的关系的时候才形成了人与人之间的交往关系。质言之，没有人的实践活动，就不会产生人与人之间的交往。

文化作为人的文化，是人的实践活动的创造物，没有人的实践活动，就不会有文化的产生和发展。如果说，实践活动对交往的产生具有决定性意义的话，那么，实践活动对文化交往的产生同样具有决定性意义。从本质上说，文化交往就植根于人类的实践活动，人类的实践活动对于文化交往的形成具有本体论的意义。第一，文化交往的发展是人的实践活动扩大化的结果。人从事实践活动，就是为了满足人的生存和发展的需要。人的需要是推动人类历史发展的深层动因。对此，马克思指出："第一个历史活动就是……生产物质生活本身。已经得到满足的第一个需要本身、满足需要的活动和已经获得的为满足需要的工具，又引起新的需要。"[1]可以说，文化交往作为人类的实践活动，就产生于人的需要与满足人的需要的过程中。由于人的需要和满足人的需要的实践活动在不断地发展，因而，不同文化之间开始了接触联系，从而实现了文化交往。"作为主体的人与自然环境的矛盾始终是实践发展的动力和源泉，同时也是文化交往实现和发展的动力和源泉。"[2]第二，人的实践活动为文化交往的发展创造条件。人的实践活动的扩大化不仅使文化交往得以发展，而且为文化交往发展创造条件。一方面，人的实践活动不断创造文化交往的内容——"文化"，文化作为人的文化，是人的实践活动的产物，如果没有人的实践活动，也不会形成各种"文化"，没有了各种"文化"，文化交往就失去了交往的内容，当然就不能形成文化交往。另一方面，人的实践活动不断丰

---

[1] 马克思恩格斯选集（第1卷）[M].北京: 人民出版社, 1995: 78-79.
[2] 桂翔.文化交往论[M].北京: 人民出版社, 2011: 62.

富文化交往的手段，近代交通工具和通信工具的革命性变革在促进世界市场形成的同时，也促使文化交往的手段发生了巨大的变革。蒸汽机的发明、电的发现、电报的产生等丰富了文化交往的手段，提高了文化交往的速度。恰如马克思指出："电报已经把整个欧洲变成了一个证券交易所；铁路和轮船已经把交通和交换扩大了一百倍。"[1]第三，人的实践活动拓展文化交往的范围。马克思主义认为，在人的狭隘地域性的生活方式中，人们之间的文化交往是非常有限的，人们之间的交往只能在狭窄的范围内和孤立的点上存在和发展着。随着资本在全球的扩张，人类社会的发展突破了狭隘的民族界限进入了普遍交往的阶段，这不仅使人类实践活动在全球得以展开，而且扩大了文化交往的范围，恰如马克思指出："资产阶级，由于开拓了世界市场，使一切国家的生产和消费都成为世界性的了。……物质的生产是如此，精神的生产也是如此。"[2]总之，文化交往正是通过人类实践活动的不断拓展，而扩大发展的范围与开辟发展的道路的。

（二）资本的全球扩张推动世界性文化交往生成

文化交往与人类实践活动是紧密相连的，二者之间的密不可分性，使得文化交往总是随着人类实践活动的发展而发展。随着资本的全球化，人类的物质交往也获得了全球的性质。由于，文化交往从属于物质交往，因而，考察物质交往全球化的生成原因对文化交往全球性生成机制的揭示具有同样的效力。全球化时代的文化交往是现代资本主义社会的重要内容，资本在全球范围内的增值和扩张也就同样构成了全球化时代文化交往生成的基础。

马克思是从资本在全球范围内的无限增值和扩张的视角来考察这一问题的。马克思认为资本之所以会实现全球范围内的无限增值和扩张，这是由资本追求利润最大化的本质推动的。马克思指出："资本主义生产过程的动机和目的就是，资本尽可能多地自行增值，也就是尽可能多地生产剩

---

[1] 马克思恩格斯全集(第10卷)[M].北京：人民出版社，1962：653.
[2] 马克思恩格斯选集(第1卷)[M].北京：人民出版社，1995：276.

余价值。"[1]马克思进一步指出，资本的这一增值和扩张是与资本主义的机器化大生产和全世界的普遍交往密不可分的。马克思指出："资产阶级历史时期负有为新世界创造物质基础的使命：一方面要造成以全人类互相依赖为基础的普遍交往，以及进行这种交往的工具，另一方面要发展人的生产力，把物质生产变成对自然力的科学统治。"[2]机器化大生产导致了生产规模的扩大，一方面，使原材料和资源的需求日益增加；另一方面，还需要不断扩大消费市场，如果国内的供给和消费市场不能满足生产需要时，资本就会导向世界市场。马克思指出："不断扩大产品销路的需要，驱使资本家奔走于全球各地。它必须到处落户，到处开发，到处建立联系。"[3]资本的这种全球性扩张，就客观上"把世界各国人民相互联系起来……使各文明国家发生的一切必然影响到其余各国"。[4]马克思关于资本扩张的事实告诉我们，资本在追逐利润开拓世界市场的同时，却不自觉地成了推动人类社会走向全球化的历史进程的工具，从而也起到了在不同程度上消灭过去那种地方和民族的自给自足的封闭状态。

由于资本的无限扩张而导致的世界性的普遍交往，必然在客观上形成各民族之间的普遍交往和互动，并且这种交往和互动是全方位的，既包括经济交往、政治交往，又包括文化交往。马克思指出："资产阶级，由于开拓了世界市场，使一切国家的生产和消费都成为世界性的了。……物质的生产是如此，精神的生产也是如此。各民族的精神产品成为公共的财产……由许多民族的和地方的文学形成了一种世界的文学。"[5]马克思的论述，再次向我们诠释了资本的扩张对文化交往生成的意义。资本在实现增值的过程中，同时形成了资本主义文化，资本主义文化随着资本的扩张传播到世界各地，这就使资本主义文化在各民族文化交往中起到了桥梁和纽带的作用。这就意味着，资本主义的机器化大生产在客观上起到了既加

---

[1] 马克思恩格斯全集(第23卷)[M].北京：人民出版社，1972：368.
[2] 马克思恩格斯选集(第1卷)[M].北京：人民出版社，1995：773.
[3] 马克思恩格斯选集(第1卷)[M].北京：人民出版社，1995：216.
[4] 马克思恩格斯选集(第1卷)[M].北京：人民出版社，1995：234.
[5] 马克思恩格斯选集(第1卷)[M].北京：人民出版社，1995：276.

速各民族走向全球化的进程，又奠定各民族文化交往的基础，从而开启了全球化时代人类文化交往的新时代与新篇章。

这里需要明确指出，一方面，资本在全球的扩张使民族国家政治、经济和文化的联系空前加强，从而使世界范围内的文化交往成为现实。另一方面，资本在全球扩张的过程中，不断利用其自身的竞争优势，通过建立有利于自己发展的国际分工和分配体制，把落后的民族国家强行纳入资本主义体系，从而构建起一个以资本主义为中心，以落后的殖民地国家为外围的不平等的从属关系。这就是马克思恩格斯指出的，未开化和半开化的国家从属于文明的国家，农民的民族从属于资产阶级的民族，东方从属于西方宗主国与附属国构成的资本主义世界体系。这意味着，在资本主义世界体系中，民族国家的经济发展是不平衡的，中心的资本主义国家经济较为发达，外围的殖民地国家经济较为落后。经济发展的不平衡必然导致文化发展的不平衡，文化发展的不平衡又导致了文化交往的不平衡。这意味着，在资本主义主导的全球文化交往中，西方发达国家处于主动和优势地位，它们可以凭借和利用各种途径向落后的殖民地国家输送产品和传播文化，而广大落后国家的文化处于被动和劣势地位，其文化发展往往受到了西方发达国家文化的控制。事实上，只要这种不平等的资本主义世界体系依然存在，民族国家间文化交往的不平衡性就依然存在。因此，消灭资本主义制度，既是实现民族国家经济平等发展的需要，亦是构建合理的全球文化交往格局的必然选择。

（三）人的世界历史性生成加速文化交往进程

马克思恩格斯认为，历史向世界历史的生成过程，是由人并通过人的劳动而诞生的过程，伴随着世界历史的发展，人也必然得到相应的发展。这意味着，世界历史的生成与人的世界历史性生成具有内在的统一性，"每一个单个人的解放的程度是与历史完全转变为世界历史的程度一致的"。[1]正如世界历史的生成得益于交往一样，人的世界历史性生成亦是在交往中得以展开和实现的，"一个人的发展取决于和他直接或间接进行

---

[1] 马克思恩格斯选集（第1卷）[M].北京：人民出版社，1995：89.

交往的其他一切人的发展"。[1]文化交往作为交往的重要形态其在广度和深度上的每一次拓展与跃迁，都是人的世界历史性生成的确证。

马克思恩格斯认为，人的世界历史性生成是通过交往从而克服"狭隘地域性"的生活方式而实现的。狭隘地域性的生活方式必然造成狭隘地域性的个人。在狭隘地域性的生活方式下，由于人们之间的交往极其有限，从而使人的生产能力只是在狭窄的范围内和孤立的点上发展着。狭隘地域性个人由于失去广泛的交往和普遍的联系，因而其视野和观念受到极大的限制与束缚，愚昧和保守使其发展与现代文明相隔离，其发展"会依然处于地方的、笼罩着迷信气氛的'状态'"。[2]要克服这种局限，就必须打破地域性的限制，扩大交往和联系，使"地域性的个人为世界历史性的、经验上普遍的个人所代替"。[3]

人的世界历史性生成过程，是"人"充分利用人类文明成果来发展自身的过程，在这一过程中文化交往发挥着至关重要的作用。文化作为人的劳动创造的产物，其凝结着人的智慧和力量。从本质意义上来说，文化交往就是人的智慧和力量的交流和互换。在人的狭隘地域性的生活方式中，人们之间的文化交往是非常有限的，因此所获取的智慧和力量也必然是有限的。只有加速和扩大文化交往，才能使人们普遍参与到人类文化的发展中，通过交流和互换人的智慧和力量，实现文明的互鉴与共享。诚如马克思所说，正是通过交往"单个人才能摆脱种种民族局限和地域局限而同整个世界的生产（也同精神生产）发生实际联系，才能获得利用全球的这种全面的生产（人们的创造）的能力"。[4]

（四）先进的交通工具和通信技术是文化交往实现的条件

从人类文化交往的历史来看，任何时代的文化交往得以实现，必须具备一定的条件。从最本质的意义上而言，文化交往得以实现缘于文化自身具有的差异性与超越性。众所周知，人的需要是推动人类历史发展的深

---

[1] 马克思恩格斯全集（第3卷）[M].北京：人民出版社，1960：515.
[2] 马克思恩格斯选集（第1卷）[M].北京：人民出版社，1995：86.
[3] 马克思恩格斯选集（第1卷）[M].北京：人民出版社，1995：86.
[4] 马克思恩格斯选集（第1卷）[M].北京：人民出版社，1995：89.

层动因。对此，马克思指出："第一个历史活动就是……生产物质生活本身。已经得到满足的第一个需要本身、满足需要的活动和已经获得的为满足需要的工具，又引起新的需要"。[1]文化交往作为人类的实践活动，就产生于人的需要与满足人的需要的过程中。

从文化的差异性来看。文化的差异性为民族文化交往的实现提供了必要性与可能性。文化的差异意味着各民族的文化体系是不同的，每个民族的文化相对于其他民族来说，都存在一定的优势和不足。对于一个民族来说，为了获得更好的生活，就既要保持自身文化的优势，又要学习借鉴其他民族的文化以弥补自身文化的不足，这是人类文化发展的恒久规律。各民族之间通过互相学习和借鉴，使得世界上各民族文化之间存在着千丝万缕的联系，世界上"没有一种文化是与世隔绝和封闭存在的，所有的文化都被其他文化影响又反过来影响其他文化"。[2]

从文化的超越性来看。从本质上说，文化交往就实现于民族间文化的需要和需要被满足的过程中。马克思指出："一种东西要成为交换的对象，具有交换价值，就必须是每个人不通过交换就不能得到的，必须不是以这种最初的形式即作为共同的财富的形式而出现。稀有性就这一点来说是交换价值的要素。"[3]这意味着，一个民族的文化能够作为交往的对象，被其他民族所接受，就必须具备满足其他民族需要的要素。这主要包括两个方面："首先是它能够超越民族和地域的狭隘性，具有一定深度的普适性，能够作为'共同财富的形式而出现'；其次是它必须对另一个民族具有补缺和改进的替代性，否则文化交往不可能发生。"[4]

文化交往得以实现还必须具备一定的文化传播条件，这主要包括文化能够接触的地理条件和工具条件（文化传输的媒介条件）。文化的传播条件在人类的不同时期对人类文化交往的影响是不同的。"人的活动范围一

---

[1] 马克思恩格斯选集（第1卷）[M].北京：人民出版社，1995：78-79.
[2] 联合国教科文组织.世界文化报告（1998）——文化、创新与市场[C].北京：北京大学出版社，2003：39.
[3] 马克思恩格斯全集（第46卷）[M].北京：人民出版社，1979：124.
[4] 桂翔.文化交往论[M].北京：人民出版社，2011：.9.

直取决于它的技术水平。在人类处于食物采集阶段时，人类各群体的活动范围仅限于它的狩猎场所；当人类学会农业、冶金术和造船技术时，人类的活动范围扩大了，到了古典时代，技术有了进一步发展，使农业和文明的扩展大大超越过去。"[1]

从地理条件来看。地理条件对全球化的产生具有重要的影响。从一定程度上说，全球化就是在人类社会经济发展的推动下，把分散割据的世界连成一个相互联系的统一大市场的过程。这个过程的初始阶段，即16世纪前后"地理大发现"的时代。一般来说，文化的传播条件中的地理条件与人类历史的发展成反比，这就意味着，越往人类历史早期追溯，地理条件对人类文化交往的影响和制约就越大，反之亦然。人类文化交往的历史印证了上述观点。在远古时代，文化交往比较容易发生在比邻而居或者没有高山海洋等自然屏障相阻隔的民族之间。由于优越的地理条件，促使了欧亚大陆的各民族文化间可以频繁地交往，而由于海洋的存在，在美洲大陆的航线没有开辟之前，美洲大陆基本上不能与其他大洲发生联系，文化交往几无可能实现。

在全球化时代，地理条件对各民族国家文化交往的影响和限制日益减弱。这主要得益于先进交通工具的发明和运用。随着跨国的陆海空立体交通网络的形成，先进的交通工具，如飞机、汽车和火车的广泛运用，极大地缩短了世界各国人民之间的空间距离，从而促进了各国之间的交往和互动，毫不夸张地说，地球真正成了"地球村"。1492年，哥伦布远航美洲，把地球的东西半球联在一起用了70天的航程。而如今，人们乘坐飞机只需几个小时就可以很容易地完成哥伦布的"壮举"。据中国民航局-民航百科-航空器《最快的民航飞机》一文介绍，世界上飞得最快的飞机是由英法联合研制的"协和"号超音速客机。"协和"号重175吨，载客100名。在16,000米到18,000米的高空，这个庞然大物可以以$2,180 \times 10^3$米/小时（声速的2倍）的速度飞行，比地球自转的速度还快。如果你乘坐"协和"号

---

[1] 斯塔夫里阿诺斯.全球通史——1500年以前的世界[M].吴象婴,梁赤民,译.上海：上海社会科学院出版社, 1988: 121.

向西飞行，可以追赶太阳，并会感受到太阳永不落下甚至从西方升起的奇景。从英国伦敦起飞到美国纽约，全程耗时仅三个多小时。"夸父追日"已不再是神话！在现今世界范围内"协和"号是飞得最快和最高的民航机。[1]我国上海的磁悬浮列车是目前最快的列车。它悬浮在磁性轨道上，从上海市区到上海浦东国际机场的18英里距离只需走行8分钟，最高时速达到268英里（约431公里）。从技术上讲，低摩擦的磁悬浮列车甚至能够达到时速311英里（约501公里）左右。[2]

从工具条件来看，一般来说，文化传播条件中的工具条件与人类历史的发展成正比，这就意味着，人类越往前发展，工具条件对人类文化交往的影响和制约就越大，反之亦然。人类文化交往的历史也同样印证了上述观点。例如，人类早期靠口语媒介和书写媒介就能传递和交流信息，但在印刷媒介产生后，人类信息的交流和获得主要是通过书籍、报纸和杂志，到了电子媒介，广播、电视、电脑成了人类信息交流的重要渠道，当前人类社会进入了自媒体时代，人类信息的交流须臾也离不开互联网了。互联网时代的到来，大大加快了各民族国家文化交往的速度。在全球化时代，互联网作为一种新媒介，在各民族国家之间的联系中发挥着巨大的作用。2014年习近平总书记在首届世界互联网大会的贺词中指出："当今时代，以信息技术为核心的新一轮科技革命正在孕育兴起，互联网日益成为创新驱动发展的先导力量，深刻改变着人们的生产生活，有力推动着社会发展。互联网真正让世界变成了地球村，让国际社会越来越成为你中有我、我中有你的命运共同体。"[3]根据相关数据预测，2017年全球近47%的人口每个月至少使用一次互联网，年增幅6.1%。根据eMarketer预计，2019年全球互联网普及率将超过50%，届时全球将有38.2亿网民，占总人口的50.6%。[4]可以毫不夸张地说，互联网使远在天边的世界各地人们却尽在眼

---

[1] 最快的民航飞机[EB/OL].中国民航局网.

[2] 时速500公里动车组挑战世界极限：细数世界上速度最快的列车[EB/OL].中商情报网，2015-3-24.

[3] 殷建光.世界互联网发展的"中国主张"[EB/OL].人民网，2014-11-19.

[4] 2017年全球互联网普及率将达到47%[EB/OL].中国产业信息网，2017-6-16.

前，正所谓，"海内存知己，天涯若比邻。"

（五）经济、政治交往的需要是文化交往发展的动力

如果说，对全球化视阈下文化交往的生成与实现问题的探究，使我们明晰了全球化时代文化交往的生成基础与实现条件的话，那么，对于全球化视阈下文化交往的发展问题的探讨，将使我们揭开全球化时代文化交往发展的动力之谜。从本质上说，全球化视阈下文化交往的发展问题所揭示的就是全球化时代文化交往发展的动力机制或体系。

众所周知，全球化是一个整体，其包括全球经济一体化、全球政治一体化和全球文化一体化。就人类交往的整体而言，在全球化时代，各民族国家间的文化交往，须臾离不开经济交往和政治交往。从根本上说，文化交往与经济交往、政治交往之间的互动关系，源于文化与经济、政治之间的紧密联系。毛泽东在《新民主主义论》中对经济、政治和文化的关系做了精辟的论述，他指出："一定的文化是一定社会的政治和经济的反映，又给予伟大影响和作用于一定社会的政治和经济；而经济是基础，政治则是经济的集中的表现。"[1]"一定的文化是一定的社会的政治和经济在观念形态上的反映。"[2]事实上，全球化时代的文化交往，就是在与经济交往、政治交往的辩证运动中不断发展的。这主要包括以下三个方面。

首先，经济交往决定文化交往。马克思指出"观念、思维、人们的精神交往在这里还是人们物质关系的直接产物。表现在某一民族的政治、法律、道德、宗教、形而上学等的语言中的精神生产也是这样"。[3]马克思的论述告诉我们，人类文化以及文化交往（精神交往）的产生，取决于人类的经济交往（物质交往）。在全球化时代，经济交往使各民族国家都被纳入了全球经济实践中，商品、生产要素和劳动力在各民族国家间充分流动，这种经济活动的全球化，导致了各民族国家人民生活方式的全球化，从而促进了各民族国家间文化的广泛交往。此外，经济交往的性质决定文化交往的性质。马克思恩格斯在《德意志意识形态》中指出："统治阶级的思想在每一个时代都是占统

---

[1] 毛泽东选集（第2卷）[M].北京：人民出版社，1991.663-664.

[2] 毛泽东选集（第2卷）[M].北京：人民出版社，1991：694.

[3] 马克思恩格斯选集（第1卷）[M].北京：人民出版社，1995：30.

治地位的思想。……支配着物质生产资料的阶级，同时也支配着精神生产的资料。"[1]马克思的论述向我们揭示了，在一个社会中，谁支配着物质生产资料，谁就在经济活动中居于主导地位，谁的思想就会成为占统治地位的精神力量。就全球经济交往实践而言，由于占主导地位的生产方式——现代化大生产主要是由资产阶级推动的，因此，资产阶级文化（思想）在文化交往中，就处于主导地位，握有主动权，代表资产阶级文化的核心观念，如理性精神、人权理念、民主政治、自由思想、法制体系等，就会随着现代化大生产在全球的扩展而遍布到世界各地，从而对世界各民族的文化产生深刻而广泛的影响。

其次，政治交往制约文化交往。在全球化时代，各民族国家的政治交往日益广泛和深入。政治交往对文化交往的制约体现在两个方面，即促进文化交往或阻碍文化交往。从政治交往对文化交往的促进来看：一是，在全球化时代，文化交往的主体和政治交往的主体都是民族国家，因此，一个民族国家的政治交往可以为其文化交往提供政治保障；二是，从广义的文化来说，政治是文化的一部分，因而，各民族国家之间的政治交往直接带动和促进了文化交往。从政治交往对文化交往的阻碍来看：一是，各民族国家出于保护自身经济利益和政治利益的目的，会在不同程度和范围内限制与其他民族国家的文化的交往，特别是对文化产品的输入进行限制（如朝鲜）；二是，西方大国（如美国）凭借其强大的国际政治地位（这是由其经济地位决定的），在政治交往中推行强权政治，制定不平等的政治交往规则，推行文化霸权；三是，政治交往的进程制约文化交往的进程。从某种意义上说，一个民族国家的政治交往发展得越快，文化交往发展得也越快，反之亦然。

最后，文化交往对经济交往和政治交往具有反作用。一般来说，文化交往对经济交往和政治交往会起到促进或阻碍作用。全球化时代，由于各民族国家间文化交往日益广泛和频繁，从而使不同的民族国家增进了了解，并在某些领域达成共识（如《人权宣言》），这些共有的文化理念和

---

[1] 马克思恩格斯选集（第1卷）[M].北京：人民出版社，1995：52.

价值，为民族国家间的经济交往和政治交往提供了思想文化基础与保障。从总体上说，当民族国家间文化交往的发展同经济交往发展和政治交往发展相适合时，就会增进或促进民族国家间的经济交往和政治交往，反之，就会阻碍民族国家间的经济交往和政治交往。

综上所述，在全球化时代，经济交往和政治交往决定和制约文化交往，文化交往又反作用于经济交往和政治交往，从而使它们之间呈现出互相制约、互相作用的关系。这样，它们彼此之间的互动就表现为一种辩证运动关系，从而构成了全球化时代文化交往的根本发展动力。

这里需要指出的是，在全球化时代，文化一体化与文化多元化之间的矛盾也对文化交往的发展起到了推动作用。"一"与"多"的问题历来是哲学探讨的核心问题。从最本质的意义上说，"一"是高度抽象形成的"一"，"一"是包含"多"的"一"；"多"是现实的多样性，无论怎么多，还是在"一"的统一之中。就此而言，全球化时代，文化一体化，主要指各民族国家文化日益冲破狭隘的民族国家界限，日益形成一个紧密结合的有机文化整体的一种倾向或状态。文化多元化，主要指各民族国家文化由于先天的差异性和后天的发展不均衡性而日益分裂的一种倾向或状态。在全球化时代的文化交往过程中，文化一体化与文化多元化之所以能形成矛盾的原因就在于，文化交往的主体是民族国家，全球文化交往是构建在民族国家文化基础上的文化交往，就此而言，离开各民族国家的文化交往是根本不存在的，也是难以想象的。在全球文化交往过程中，文化一体化与文化多元化是互相影响和互相制约的。

首先，文化一体化的发展依赖于文化多元化的发展。正所谓"一"是包含"多"的"一"。这意味着，在各民族国家文化间互相联系基础上的文化一体化，其发展态势和发展程度取决于各民族国家文化的发展程度（文化多元化的发展程度），反之亦然。其次，文化多元化是文化一体化的基础，正所谓"多"是在"一"的统一之中。这意味着，在民族国家文化交往过程中，文化一体化是文化多元化存在与发展的基础和条件。事实上，在全球化时代的文化交往过程中，文化一体化和文化多元化的存在具有同时性或同在性。但在不同的发展阶段，二者的发展表现出不平衡性。

一般来说，在全球化时代，各民族文化交往的初始阶段，由于文化多元化因素发挥的作用大于文化一体化因素发挥的作用，因而，文化一体化的态势就不是很显著，但随着全球化的不断深入，特别是科技的进步，以及大众文化（特别是消费文化）的发展，使得文化一体化的程度提高，文化一体化的趋势相较于初始阶段就显得尤为突出了。总之，在全球化时代，各民族国家文化交往的过程中，文化一体化与文化多元化两种力量同时存在，并相互交替占据上风。

就总体而言，文化一体化与文化多元化之间的矛盾运动制约和决定全球化时代民族国家文化交往的整体发展进程。一般来说，当文化一体化与文化多元化共同发展、协同作用的时候，两者的发展就会促进文化交往的发展，反之亦然。因此，在全球化时代，只有文化一体化与文化多元化协调发展、共同进步和彼此促进，才能使各民族国家文化交往获得保障，并取得理想的效果，从而使全球化时代各民族国家文化交往实现从较低程度向较高水平的渐次发展和跃迁。

这里需要明确的是，文化的一体化不等于文化的一元化。从本质上说，文化一体化是指各民族国家文化聚合为一个整体的倾向，而文化一元化是各民族国家文化趋向单一化的倾向。全球化时代，在各民族国家文化愈益紧密结合和相互影响的基础上，各民族国家文化间的可通约性日益增大，文化交往中共有规则、制度和组织的逐渐形成，聚合为一个文化整体的趋势越来越强，这是建立在全球经济一体化的基础之上的，因而是现实的力量和倾向。由于各民族国家文化产生的基础永远也不能趋同，因此，文化一元化任何时候都不可能实现，在这个意义上来说，文化一元化的观点本身就是一个虚假命题。

总之，全球化时代，各民族国家文化交往的发展就是在文化交往与经济交往、政治交往之间的辩证运动和文化一体化与文化多元化之间的矛盾的共同作用下不断展开的。这里需要明确的是，在全球化时代，民族国家文化交往发展过程中，文化交往与经济交往、政治交往之间的辩证运动及演进机制更为根本，文化一体化和文化多元化是这一辩证运动及演进机制在文化领域的具体体现。从整体上来说，文化交往与经济交往、政治交往之间的辩证运动和文化一体化与文化多元化之间的矛盾这两个方面贯穿于全球化时代各民族国家文化交往过程的始终，决定着各民族国家文化交往过程中的其他一切矛盾和方面。

第三章 全球化视阈下文化交往战略的理论阐释

全球化时代，不同的民族国家，一方面基于自身的文化传统、民族个性和发展需要，另一方面依据世界经济、政治、文化发展的形势，在全球文化交往过程中，形成了不同的文化交往战略理论。本章我们主要对全球化时代不同民族国家文化交往战略理论进行了阐释，具体而言，主要包括对西方发达国家文化交往战略的理论剖析，发展中国家文化交往战略的理论反思，民族国家文化交往战略的理论遵循，这将有助于我们深刻认识不同民族国家文化交往战略的本质与存在的弊端，并为探索科学、理性、自觉的民族国家文化交往战略奠定理论前提与思想基础。

一、西方发达国家文化交往战略的理论剖析

全球化时代，西方发达国家凭借自身强大的经济实力和军事实力，既支配着世界的物质生产，又支配着世界的精神生产。经济发展上的优势地位，决定了西方发达国家在文化交往中处于主导地位。西方发达国家利用其在文化上的垄断地位，在全球范围内大肆推销和贩卖其文化理念和生活方式，达到同化他民族国家的目的。西方发达国家文化交往战略理论主要表现为，坚持文化普遍主义谋求西方文化普世化，坚持文化中心主义鼓吹西方文化优越论，坚持文化同质化妄图实现文化扩张目的。

（一）推行文化普遍主义谋求西方文化普世化

文化的普遍性是文化所蕴含的基本属性之一。文化的普遍性主要是指各民族文化按照共同的规律发展并经历着共同的基本形态。文化的普遍

性是我们在文化实践活动中应遵循和把握的一个重要的规律。但是，文化的普遍性不等于文化普遍主义。学者张祥龙指出，文化普遍主义实质上是一种独特的思想方式和行为方式，即主张最有价值的（不管是认知的、伦理的、宗教的，还是经济的、政治的，等等）东西作为命题可以得到直接表达，并且此种价值总是可以并且应该被普遍地推广，形成一种对所有有关现象都无差别的、有效的标准（它们常常以"正义""真理""至善"的名义而出现）。[1]从这种意义上说，文化普遍主义可以被理解为，某种"文化"具有被普遍推广的价值，这种"文化"有充分的根据可用来判断其他类型文化的对错、优劣、合理与否。

事实上，文化普遍主义作为一种文化发展理念或思潮，其是西方主流的文化传统的典型代表。一般认为，文化普遍主义肇始于人们对科学方法论的讨论。科学作为一种理性的事业，其最本质的任务或使命，就是通过事物的现象，认识事物的本质，即透过纷繁复杂、杂乱无章的现象揭示世界的本质。对于科学而言，事物的本质具有不变性、独立自在性、普遍有效性，它具有"元"科学性质。"普遍主义相信人类生活中存在着'终极'的、绝对合理的、普遍适用的一元化价值及其标准。"[2]回顾西方思想史，我们可以看到，无论是毕达哥拉斯通过"数与形"的分离来揭示事物普遍的本质，还是柏拉图将"理念"看作事物永恒不变的本质，抑或康德将具有普遍必然性的先天综合判断看成是真正意义上的科学知识，这些都反映了人们对普遍主义的向往与追寻。

黑格尔以自由意识的发展程度作为标准将世界历史分为古代东方世界、希腊世界、罗马世界和日耳曼世界四个时期，并提出日耳曼民族文化优越论，这为后来欧洲文化中心论埋下了伏笔。泰勒被公认为文化普遍主义的真正开创者，他认为，人类文化经历了一个由简单到复杂、由低级到高级的发展过程或进化过程，虽然各文化发展阶段或进化的阶段不同，但

---

[1] 种海峰.时代性与民族性——全球交往格局中的文化冲突问题研究[M].北京：中国社会出版社，2011：166.

[2] 李德顺.全球化与多元化——关于文化普遍主义与文化特殊主义之争的思考[J].求是学刊，2002（2）：11.

它们发展的总体趋势是相同的。事实上，当思想家们将达尔文的生物进化论引入社会科学领域，特别是引入文化研究领域，其所强调和倡导的"普遍进化"的普遍主义就对阐释人类文化发展的进程产生了广泛而深远的影响。摩尔根以技术水平为标准，将人类社会划分为愚昧、野蛮和文明三个阶段就是很好的例证。以怀特为代表的新进化论，提出的各种文化发展理论，亦是这种文化普遍主义的典型代表。

事实上，文化普遍主义反映了人们一种朴素主义的价值观，其认为随着全球化的不断深入，民族文化交往的不断加强，人类文化趋同化的现象也必将日益显著。因此，他们坚信人类文化发展存在某种绝对合理且普遍适用的终极标准，以此终极标准作为人类文化的基本准则，就可以实现人类文化的繁荣发展。但是，在全球化时代，以发达国家为代表的强势文化主导着民族国家文化交往的进程，作为强势文化代表的西方国家高举彰显西方文化精神、价值体系和价值观念的文化普遍主义大旗，理直气壮地对其他民族国家文化的发展说三道四，强加干涉。以丹尼尔·贝尔为代表的西方学者鼓吹"意识形态终结论"，就是要否定马克思主义和社会主义意识形态，把全球化视为"西方化"或"美国化"，即资产阶级意识形态化，其真实目的就是为西方文化全球化的扩张扫除障碍，从而否定民族国家文化的多样性，把西方的价值标准作为终极理论而向世界推广。以福山为代表的西方学者提出了"历史终结论"，认为人类历史发展将终结于资本主义的自由民主制度。福山认为，资本主义的自由与民主制度是人类社会永恒的、理想的和最完美的制度，人类社会最终都会殊途而同归地走向资本主义的"自由民主"的道路。

无论是"意识形态终结论"还是"历史终结论"本质上都是文化普遍主义在全球化时代的反映，其基本的价值取向就是以资本主义文化或美国文化作为世界上唯一合理和优秀的文化，以资本主义文化价值标准和美国文化价值标准作为唯一标准，来衡量和评价其他文化，并使世界文化发展走向资本主义化或美国化，这种不顾其他民族文化利益与价值的做法，必将招致其他民族文化，特别是以广大发展中国家为代表的弱势文化的反抗。

（二）推行文化中心主义鼓吹西方文化优越论

一般而言，人们出于对本民族文化的尊重和热爱，总是在日常生活中或多或少地、情不自禁地形成一种对本民族文化的崇拜和自豪的心理。事实上，人们产生这种心理是极其正常的文化现象。但是在这一过程中，如果把握不好"度"的话，就会在认识上产生偏离或偏差，即认为本民族的文化一定优于他民族的文化，本民族的文化是天下唯一合理的文化，并理所当然地认为，他民族文化都应以本民族文化为典范，这样就落入了文化中心主义的窠臼。文化中心主义指某一历史阶段，民族或国家将自己的文化当作是好的、唯一合理的、优于其他文化的文化，并以本民族或国家的文化模式为中心和标准，衡量和评价其他文化。文化中心主义在文化实践中表现出较为显著的种族主义倾向，其是种族优越感的体现和放大。种族主义倾向从民族自我本位出发，认为只有自己的民族才是世界上最优秀、最先进的民族，其他民族都是"劣等"民族。黑格尔曾经以欧洲人的自豪预言："一部人类历史中心的发展，犹如太阳的行程，东升西沉。所不同的是，在历史的太阳西沉之后，它不可能再次从东方升起，西方将占据世界的中心。"[1]

近代以来，随着资本在全球的扩张，西方资本主义国家的经济取得了快速发展，尤其是工业革命奠定了西方国家在全球化中的主导地位，西方民族国家文化的自豪感得到了空前的高涨，致使西方文化中心主义大行其道，一些西方学者认为，世界文化有中心和边缘之分，而西方文化则处于中心地位。西方文化中心主义作为西方资本主义社会的主导意识形态，其要旨是强调以资本主义自由、民主、人权为核心价值的西方文明是人类最优秀的文明，决定人类文明发展的方向。20世纪以来，西方文化中心主义的典型代表有马克斯·韦伯、弗里德里希·哈耶克和弗朗西斯·福山等。马克斯·韦伯断言，基督新教伦理中勤奋敬业、讲求实效的"理性精神"，是西方文明特有的优越性所在，一切非西方文明的"理性精神"，不可能产生"理性资本主义"，只能在专制制度压迫下停滞不前、苟且生

---

[1] 江丹林.东方复兴之路[M].广州：广东教育出版,1996:2.

存。弗里德里希·哈耶克认为，西方文明所体现的自由主义原则的经济、政治、法律和社会制度，是非西方国家应当效法的榜样。弗朗西斯·福山断言，西方自由民主制度在全球范围内的广泛传播，标志着人类社会文化演进的终结，并且成为人类政府的终极形式。事实上，西方文化中心主义是以牺牲和否定民族文化多样性而建立起来的文化一元论。从人类文化存在和发展的历史来看，文化一元论是十分荒谬的。"我们实无理由认为某一文化是首善的典型……人类文化具有无数形貌，西方文化只是其中一例。"[1]

文化本应是丰富多彩的，就像生物界一样，其具有极大的多样性，如果说，生物多样性是保持生物界持续、健康和稳定发展的前提和基础的话，那么文化多样性对于文化的存在和发展而言，同样意义重大。因此，我们不能将异彩纷呈的人类文化世界设定为一种颜色或色调，对于人类而言，在多样性的文化世界中有选择地生活，是一种最大的幸福。这里需要明确指出，在西方国家强势文化的压迫下，非西方民族国家出于自保，对外来文化表现出强烈的排斥与反感。这充分展现了非西方民族国家以本民族文化为本位的文化中心主义的倾向，这种以自保为前提的非西方民族国家的文化中心主义，有时就表现为文化保守主义。对于文化保守主义，我们在下文中将重点阐述，在这里就不赘述了。

（三）推行文化同质化妄图实现文化扩张目的

在全球化时代，西方发达国家坚持文化同质化策略，以西方的强势文化同化其他文化，妄图实现文化扩张目的。回顾人类文化交往史可知，强势民族国家（19世纪的英国、20世纪中叶的美国），都是凭借其强大的经济、政治和军事实力在全球推行其文化和价值体系的，以自身的强势文化迫使其他民族国家接受其文化，妄图以西方的强势文化一统世界。就此而言，这种所谓的文化同质化表征的不过是"假借普遍主义形式的特殊主义"罢了。即在全球化时代，西方强势文化的"文化同质化的诉求，就是谋求建立一种全世界共同的没有地方差异的'人类共同文化'，这种共

---

[1] 鲁思·本尼迪克特.文化模式[M].巨流图书公司,1983:283.

同文化将消灭不同文化之间的差异，使多样性的文化最终归为同一种文化"。[1]

从学理上说，文化同质化是一个表征文化共同本质属性（共性）的概念或范畴。文化共性就是文化本质的统一性。一般来说，文化共性主要表现为两个方面：第一，各民族在实践活动中创造的智慧；第二，各民族在实践活动中所具有的共同发展方向和遵循的相同规律。事实上，不管各民族文化由于发展的条件不同呈现出多大的差异，但在这差异的背后都隐藏着共同的文化因子。在人类文化发展的过程中，这些共同的文化因子总会或迟或早地显现出来，使民族文化在发展过程中表现出趋同性，从而显现为人类文化发展的同质化倾向。

文化同质化遵循这样的生成逻辑，即在民族文化交往中以某一种文化体系作为前提或坐标而设定的单极化或一元化，它实际是以某一民族文化的个性或特殊性取代各民族文化的共性或普遍性，并把这种个性或特殊性作为"普遍性"、当成权威性，使其他民族就范，其实质是一种"特殊性的普遍化"。如，文化霸权主义、文化帝国主义就是它的具象呈现。在全球化时代，文化同质化成了西方发达国家以西方的强势文化向其他文化推进与扩张的重要策略。这恰如日本学者星野昭吉在《全球政治学》一书中所指出的那样，今天文化全球化的每一浪潮从根本上都处于西方思维方式的影响之下。对此，学者金民卿指出："当这种同质性的文化诉求与当代不平等的全球化联系到一起，发生共谋，问题就不那么简单了，它在极大程度上也就成为文化霸权主义、文化扩张主义的理论基础了。"[2]关于文化"同质化"的言论也多以美国文化的全球传播作为参照系，正如詹姆逊指出的，在形形色色关于全球化和"同质化"讨论的背后，潜存着一种更深层的恐惧，一种更基本的叙述思想或幻想，它们与美国本身不断扩展的权力和影响相联系。

人类过去100多年的发展历程，见证了世界欧洲化和美国化的过程。

---

[1] 金民卿.文化全球化与中国大众文化[M].北京：人民出版社，2004：64-65.
[2] 金民卿.文化全球化与中国大众文化[M].北京：人民出版社，2004：65.

这一过程是伴随着"现代性"在全球化的展开而实现的。"世界文化问题在相当程度上是以对现代性的解释以及对现代性的反应这个问题为转移的。"[1]事实上，全球化时代文化交往的同质化过程，既体现为强势民族国家强行推销和扩张其文化的过程（强势民族国家文化特殊性——文化个性的普遍化），又表现为弱势民族国家不自觉的选择过程。全球化以来，迫于世俗化的现代性的压力，弱势民族国家为了尽快实现现代化，学习和效仿西方现代性文化是一个切合实际的选择。这一效仿的过程显示出了弱势民族国家对西方现代性文化的无奈和不自觉。言其"无奈"主要是指弱势民族国家在这一过程中只能接受，别无选择；言其"不自觉"主要是指弱势民族国家在这一过程中所做的选择是"非情愿"的。在全球化时代的文化交往中，弱势民族国家的文化就是在这种无奈和不情愿的状态下被强势民族国家的文化所同质化的。因为，在全球化时代，"文化交往中贬低传统文化与褒扬现代性文化，并企图以现代性文化全盘取代传统文化是必然的逻辑结果"。[2]

二、发展中国家文化交往战略的理论反思

全球化时代，广大发展中国家由于经济发展落后，在世界经济发展中处于边缘地位，经济地位的不平等，导致了其在西方发达国家主导的文化交往中，处于被动和被支配的地位。为了维护本民族国家文化的权益，广大发展中国家往往坚持文化相对主义固守民族文化独特性，坚持文化保守主义倡导民族文化本土性，坚持文化异质化意图实现文化自保目的。

（一）坚持文化相对主义固守民族文化独特性

在全球化时代，为了维护本民族国家文化的权益，文化相对主义成了以广大发展中国家为代表的弱势文化用以反抗来自以发达国家为代表的强势文化渗透、同化和压迫的思想武器。

---

[1] 李凤英.文化全球化：一体与多样的博弈[D].北京：首都师范大学，2007.
[2] 李佩环.论全球化时代文化交往的实现机制[J].长白学刊，2011（3）：146.

正如文化的普遍性一样，文化的特殊性也是文化的本质属性之一。文化的特殊性主要是指，各民族由于生存环境、生活方式、行为习惯等不同而形成的文化的独特性、迥异性等。文化的特殊性亦可以称为文化的相对性，其表征的是各民族文化的固有性质和特征。正如文化的普遍性不等于文化普遍主义一样，文化的相对性亦不等于文化相对主义。在全球化时代，文化相对主义往往是以广大发展中国家为代表的弱势文化作为应对来自以发达国家为代表的强势文化的渗透、同化和压迫的反抗武器，但是，从发生学来看，作为一种社会文化思潮，文化相对主义的发源地却是西方。一般而言，文化相对主义起源于西方18世纪，波及历史、文学、哲学、人类学等多个学科和领域。就文化相对主义的内涵来说，西蒙（Lawrence H.Simon）在哲学百科全书"文化相对主义与理性"的词条中，把其要领归纳为三点：其一，不同的文化存在着殊异的理性规范。其二，判别一种行为是否合乎理性，应以它所坚持的文化规范为尺度。其三，两个主体的文化环境不同，同一行为对于一种文化来说是理性的，但对另一种文化来说则可能是非理性的。[1]西蒙关于文化相对主义内涵的归纳告诉我们，文化都存在自身特有的规定，从而判断某种行为合理与否，必须以该种文化规范为尺度，对于相同的文化行为，由于文化环境不同，判定其是否合理的标准亦不同。持有文化相对主义立场的人认为，世界上的任何文化都具有其他文化所无法替代的意义和价值，世界上不存在普遍适用的、绝对性的、超价值的文化，其强调民族文化的独特性或特异性，否认人类历史发展存在共同的规律性，主张各民族文化在价值上的平等性，无先进与落后之分。事实上，在西方，文化相对主义的产生并不是偶然的，而是有其深刻的时代背景与社会历史根源。第一，启蒙时代所倡导的绝对理性主义，因其在发展中暴露出越来越多的问题和弊端，遭到人们的怀疑而陷入困境；第二，1905年，爱因斯坦提出了著名的相对论，对文化普遍主义观念产生了极大的挑战与影响；第三，20世纪以来，随着文化

---

[1] 参见种海峰.时代性与民族性——全球交往格局中的文化冲突问题研究[M].北京：中国社会出版社，2011：166.

人类学、民族学、考古学等学科的出现与发展，大量有关各民族历史发展的翔实材料被整理发现，为人们从整体上比较和认识人类总体文化发展历程提供了依据和可能。

众所周知，随着1991年苏联的解体，终结了二战之后以美国为首的、北大西洋公约组织为主的资本主义阵营与以苏联为首的、以华沙条约组织为主的社会主义阵营之间的政治、经济、军事斗争，人类社会发展进入了"后冷战阶段"。以美国为首的西方发达国家凭借其强大的经济、军事实力，主导着全球化进程。西方国家运用把持的世界货币基金组织（International Monetary Fund，IMF）、世界贸易组织（World Trade Organization，WTO）、联合国（United Nations，UN）等对广大发展中国家进行经济制裁、政治干预和军事打击，并将其政治、思想和文化观念强行灌输到落后国家。"在全球化时代，西方跨国公司传播的消费主义文化与西方价值观和政治意识形态巧妙结合，在西方的军事、政治和文化战略的紧密配合下，对发展中国家的经济与文化形成强大的渗透力和摧毁力。"[1]因此，广大落后的发展中国家，为了反抗这种西方强势文化的入侵和同化，纷纷从文化上唤起或唤醒本国国民的民族文化意识和民族文化情感，自觉增强民族文化认同，极力在同以发达国家为代表的强势文化的竞争中实现本民族文化的自保。在这种文化发展境遇下，就为文化相对主义在落后的发展中国家的产生提供了现实的条件和温床。近年来，在全球化浪潮中，社会发展深受西方发达国家文化侵害的广大亚非拉民族国家和地区，就掀起了弘扬和回归本民族传统文化的运动或口号。正如亨廷顿所说："'文化复兴'正在席卷亚洲……这一复兴表现在亚洲国家日益强调各国独特的文化认同和使亚洲文化区别于西方文化的共性。"[2]

毋庸置疑，文化相对主义在全球化时代的世界文化生态严重失调和文化交往格局不合理的前提下，在保护民族文化主体性、传承和发扬本民族文化传统、抵制和拒斥粗暴的以发达国家为代表的强势文化的渗透和入

---

[1] 杨生平，张慧慧.全球化背景下恐怖主义的文化反思[J].江汉论坛，2009(6)：121.

[2] 塞缪尔·亨廷顿.文明的冲突与世界秩序的重建[M].周琪等，译.北京：新华出版社，2002：105.

侵中起到了非常重要的作用。这意味着，就民族文化的长远发展而言，采取适度的文化保护是可行且必要的，它可以保持本民族文化的独特性与纯洁性，并对本民族文化的传承和发展具有重大意义。但是，正所谓物极必反，如果某个民族将本民族的文化相对性提高到不恰当的位置或地步，任凭文化相对主义的无限制发展，甚至将本民族文化凌驾于他民族文化之上，就极有可能偏离自己保护本民族文化传统的初衷，从而陷入文化普遍主义的窠臼。这种现象的出现从反面证明了人类文化是普遍性与相对性的统一体。这就要求我们在文化交往实践中，不能脱离文化的普遍性而谈文化的相对性，亦不能脱离文化的相对性来谈文化的普遍性。

从前文对文化普遍主义和文化相对主义的分析和阐述可知，由于文化普遍主义固执于文化普遍性，从而在突出和强调文化普遍性的同时抹煞了文化的多样性，无视民族文化之间的差别，从而极易导致文化中心主义，对他民族文化的存在和发展造成了伤害。与此相对，文化相对主义固执于文化相对性，在强调和凸显文化特殊性的同时抹煞了文化的普遍性。事实上，文化普遍主义和文化相对主义的共同之处，就是都割裂了文化的属性，都是从两极对立的思维方式去思考文化问题，从而陷入了文化形而上学的窠臼。

在全球化时代，为了避免民族文化溜向片面或单向发展的轨道，就要在民族国家文化交往实践中，在文化的普遍性与文化的特殊性之间保持必要的张力。这就要做到既承认民族文化的普遍性，但是坚决反对文化普遍主义；又承认民族文化的相对性，但是绝不认同和提倡文化相对主义。关于如何处理好文化的普遍性与文化的相对性之间的关系，著名文化学者罗兰·罗伯森的"特殊主义的普遍化和普遍主义的特殊化"思想具有一定合理性，给我们以极大的启发意义。罗兰·罗伯森认为，全球化时代文化混合化在文化交往实践过程中，呈现为"特殊主义的普遍化和普遍主义的特殊化这一双重过程"。[1]具体而言，所谓特殊主义的普遍化，"意味着认为特殊性、独特性、差异性和他者性实质上没有限度这一思想的广泛扩

---

[1] 罗兰·罗伯森.全球化[M].上海：上海人民出版社，2000：249.

散"。[1]质言之，就是各地方文化（各民族文化）放弃文化本质主义或不固守特殊性文化诉求，以主动的姿态融入全球文化交往过程中，那么，某一些特殊性的文化理念或文化价值就会获得全球普遍性。特殊主义的普遍化所倡导的是多元文化，是普世文化的前提，地方文化（民族文化）是普世文化的基础。所谓普遍主义的特殊化，"包含了普遍性的东西被赋予全球人类具体性这一思想"。质言之，就是某种全球性的价值理念或价值观念是可以地方文化化（民族文化化）的。普遍主义的特殊化所倡导的是任何普遍性都是基于差异性基础上的普遍性，不存在脱离具体地方文化（民族文化）的世界文化，各地方文化（民族文化）都是通过自身的方式分有世界文化。这样，罗兰·罗伯森的理论就从某种意义上既做到了对为本土而本土化的文化相对主义的否定，又做到了反对西方文化中心主义论的文化普遍主义。事实上，在全球化时代的民族文化交往中，文化的普遍性与文化的特殊性是时刻都不能被分开的，二者之间必须互相作用、互相补充、互相渗透才能促进各民族文化的繁荣发展。因此，不同民族文化之间的交往、互鉴、合作才是世界文化的本色和维护世界文化生态的根本保障。

（二）坚持文化保守主义倡导民族文化本土性

从文化哲学视角看，文化保守主义是一个"关系性"概念，"它所指涉的是在全球化语境下，两种以上文化形态之间在相互作用与交流中，其中的某种文化形态所流露出的对自身文化防卫的观念或意识"。[2]文化保守主义一般产生在处于文化弱势地位的民族或国家中。当一个国家为了保卫本民族文化传统，对外来文化特别是西方发达国家的文化采取排斥、拒绝和否定的态度时，在文化交往中就表现为极大的文化保守主义。

在全球化时代，由于以西方发达国家为代表的强势文化在全球交往中处于主导地位，以广大发展中国家为代表的弱势文化处于被动地位，这样就使广大发展中国家在文化交往中陷入了被支配、被控制和被宰制的局

---

[1] 罗兰·罗伯森.全球化：社会理论和全球文化[M].梁光严，译.上海：上海人民出版社，2000：147.
[2] 邹广文.时代需要怎样的"文化保守主义"情怀[J].人民论坛，2012（1）：30.

面。由于在全球交往中的地位不对等，广大发展中国家往往在文化交往中被迫接受由西方国家所主导和制定的各种制度、规则和价值。一般情况下，广大发展中国家在与西方国家的文化交往中，通常会做出两种选择：一种是在全球文化交往中放弃本民族的文化传统，在价值观上接受西方国家的文化模式；另一种是誓死捍卫本民族的文化传统，对西方发达国家的文化采取排斥、拒绝和否定的态度。在全球化时代，绝大多数的民族国家都会面对如何在全球化趋势下保持本民族文化传统的问题，它们对全球化往往表现出警惕和忧虑。美国学者勒纳曾用"痛苦门槛"理论来概括全球化进程中的这种文化现象：每个民族在进入现代化的"门槛"时，原先的支撑物和社会结构轰然倒塌，这使人们充满了压力和痛苦，于是人们常常下意识地转向文化保守主义。[1]

总体来说，在全球化时代，文化保守主义的根本目的或价值诉求，就是要守护在全球文化交往中处于弱势地位的民族文化。我们应该理性对待文化保守主义的这种价值诉求。众所周知，文化作为人的生存方式，在人的生成和发展中发挥着重大的作用。人的文化实践具有二重性，既可能促进人的发展，又可能束缚人的发展。就文化保守主义而言，其价值诉求主要表现为：向前看的价值诉求和向后看的价值诉求。"向前看的价值诉求"认为，文化作为人特有的生存方式，在处理人与人之间的关系中发挥着纽带和桥梁的作用。因此，这种文化保守主义主张从本民族的传统文化出发，重视维护本民族文化的独特性，力求保留本民族文化中优秀的文化因子，并最大限度地激发、展示和发挥其优越之处。"向后看的价值诉求"则固守民族文化本位立场，力求维护本民族文化的纯洁性，其只要本民族文化的"纯而又纯"，对外来文化一概采取否定、拒绝的态度，这是以一种两极对立、非此即彼的思维模式去面对他者文化的极端文化策略。不可否认，各民族文化确实存在差异与不同，但差异并不能成为文化保守主义者阻碍文化交往和保护本民族文化的借口。我们应该在肯定和爱护本

---

[1] 种海峰.时代性与民族性——全球交往格局中的文化冲突问题研究[M].北京：中国社会出版社，2011：225.

民族文化的前提下，看到本民族文化的不足，并积极吸收学习他民族文化，这样才能使本民族文化得到保护的同时，促进人类文明的交流、互鉴和发展。

这里需要明确指出，在全球化时代，以广大发展中国家为代表的弱势文化在文化交往中并不都是表现出文化保守主义的倾向，一些民族国家或某个民族国家在一定的发展阶段会采取文化激进主义的策略。文化激进主义主要是指，在全球化语境下，某一民族文化在处理与其他民族文化，特别是以西方发达国家为代表的强势文化时，其表现出对本民族传统文化的疏离、淡漠和否定，对强势民族文化的向往、憧憬和接受。事实上，"文化激进主义的一个最显著的表现就是对现存社会的组织和运作方式的强烈不满，对现存社会制度抱有较为彻底的否定态度，急切地希望对社会进行结构性置换的急剧和即时的改变"。[1]

一般来说，弱势文化国家在文化交往中采取文化激进主义策略，是内因与外因共同作用的结果。从内因角度看，由于弱势文化国家在全球文化交往中处于被动地位，为了急于摆脱这种状况，它们有着强烈的赶超强势文化国家的诉求，向以西方发达国家为代表的强势文化学习，就成了它们摆脱这种困境的途径之一。在这个过程中如果弱势文化国家采取对本民族文化完全否定，而对强势文化采取全盘吸收的态度，这就使其陷入了文化激进主义的泥潭。从外因角度看，在全球化进程中，西方发达国家凭借其先发优势，不断向落后的发展中国家输入产品、技术和思想，这势必会给落后的发展中国家人们的思想带来强烈的冲击。这样落后的发展中国家就会出现盲目崇洋媚外和外来文化至上的心态，其往往从对西方文化物质的崇拜泛化到对西方制度文化、精神文化的崇拜。

弱势文化国家，为了赶超强势文化国家，向强势文化国家学习，这本身并没有什么不妥之处，关键在于，在学习的过程中，不能采取文化激进主义的心态，即不能在学习过程中完全否定本民族的文化传统，而对强势

---

[1] 种海峰.时代性与民族性——全球交往格局中的文化冲突问题研究[M].北京：中国社会出版社，2011：228.

文化采取全盘吸收的态度。正确的做法，应该是在对本民族文化正确认知的基础上，发挥自身文化的优势，规避自身文化的弊端，同时积极吸收外来文化中有益于自身文化发展的文化因子，这样才能摆脱文化激进主义的窠臼，实现本民族文化的繁荣发展和世界文化的融合。

（三）坚持文化异质化意图实现文化自保目的

在全球化时代，以西方现代性文化为代表的强势文化对以非西方民族文化为代表的弱势文化的侵蚀和扩张——文化同质化过程，必然会引起弱势文化"从交往中撤退，回到传统主义或宗教激进主义的安全感当中，或者在全球的文化交往中积极地强调自身的民族文化、强烈地呼吁地方文化"。[1]事实上，文化的"同质性与地方差异性是同步发展的，后者无非是在土著文化的自主性这样的名义下做出的对前者的反应"。[2]

从学理上看，如果说文化同质化所表征的是文化共同本质属性的概念或范畴，那么，与之相对应，文化异质化就是作为表征文化特有属性（个性）的概念或范畴。文化个性对于文化异质化的产生具有本体论的意义。文化个性是文化异质化存在的前提和基础。正是各民族文化具有的特有属性，使文化异质化得以可能。

文化个性，主要通过文化的民族性得以体现。从根本上来说，文化是民族作为共同体的形式存在和发展的根本原因，就此而言，文化是民族的最后界限，是区分不同民族的重要标志。每个民族的文化都是独特的。文化的民族性，主要是指各民族在实践活动中由于面对不同的实践环境而形成的文化的民族差异性。各民族文化之所以具有本质上的差异，就是因为民族文化的形成与发展的生存环境是根本不同的。在远古时代，由于各民族生存环境的不同，就形成了所谓农业民族（中国人）、商业民族（犹太人）、游牧民族（蒙古人）、航海民族（荷兰人）。这里需要明确的是，起初各民族文化的差异性的产生，并不是由于民族分工不同造成的，而是由于各民族所面对的生存环境不同而造成的。但是，随着人类社会的

---

[1] 李佩环.全球化时代的文化交往及其走向[M].广州:世界图书出版公司,2013: 66.

[2] 马歇尔·萨林斯.什么是人类学的启蒙？——20世纪的一些教训[M].马戎,周星主编.二十一世纪:文化自觉与跨文化对话（一）.北京:北京大学出版社,2001: 102.

发展，生产力水平的不断提高，生存环境对民族文化的制约越来越小，社会条件对民族文化的影响却越来越大。这就使一种文化具备了超越生存环境的限制，在不同的民族文化间传播的可能性。通常情况下，文化的民族性主要表现为三个维度：语言的特殊性、思维方式的特殊性和价值信仰的特殊性。从语言的特殊性看，语言是民族文化的载体，从一定意义上说，它是民族的特征。从思维方式的特殊性看，思维方式是民族文化体系的骨架，是民族在历史发展中长期积淀下来的文化心理结构，其具有稳定性、普遍性、持久性的特征。各民族由于实践条件和文化基础的不同或差异，形成了各具特色的思维方式。从价值信仰的特殊性看，价值信仰是社会共同体在实践中历史地积淀形成的稳定的、持久的和普遍的关于人、社会和世界的终极意义的理解和追求。它是人的思想和行为的规范，是人在生产和生活中应遵循的内在规诫。

一般来说，由于民族文化的差异性而导致的文化异质化主要体现为两种方式：第一，在民族文化交往中，以某一种文化体系作为立足点而面向普遍化的特殊主义，欧洲文化优越论、西方文化中心论、美国文化先进论是其典型代表。第二，以某一种文化体系作为立足点而面向自身的保守主义文化立场，非西方民族国家的文化宗教激进主义、文化本土主义、文化本族中心主义是其典型表现。从第一种方式看，其是以西方现代性文化的特殊性自诩和向外扩张为前提和基础，以西方现代性文化为代表的强势文化对弱势民族国家文化的渗透和扩张的过程，这加速了弱势民族国家文化异质化，使弱势民族国家的文化表现出越来越相异于本身文化，而趋同于西方现代性文化代表的强势文化的状况。从第二种方式看，其是以弱势民族国家的文化特殊性自保为前提和基础的。弱势民族国家的文化保守主义和文化激进主义是其典型代表。

就全球化视阈下民族文化交往过程中的文化异质化而言，其主要表现为文化异质化的第二种方式。在全球化时代，文化异质化的诉求主要体现为，弱势民族国家反对把世界看成是一元化、同质化和单一化的系统，主张文化应是多样性、独立性和平等性的。这样弱势民族国家出于自保就表现出强烈的维护自身文化传统和价值观的欲望。为了实现民族文化的自保，弱势民族国家往往采取如下两种方式：第一，弱势民族国家在强烈民族文化主体意识的驱使下，将自身传统文化与西方现代性文化严格区分开来，并认为二者之间没有"可通约性"，具有不可逾越的鸿沟，并采取种种措施阻止强势民族国家文化的腐蚀和入侵，从而在文化交往中表现出文化保守主义。第二，弱势民族国家出于文化自保，在文化交往中积极主动地向西方现代性文化借鉴和学习，倡导文化多样性和多元化，从而在文化交往中表现出激进主义。

三、民族国家文化交往战略的理论遵循

全球化时代，各民族国家相互依存、相互影响的关系日益加深，真正成了你中有我，我中有你的命运共同体，文化交往已然成了民族国家间交往的常态。任何民族国家的发展，都离不开其他民族国家，因此，发展中国家在文化交往中为了维护本民族国家文化的权益，而采取闭关锁国的文化自保战略是不可取的；西方发达国家在文化交往中企图把西方文化普世化而全盘推销到发展中国家的做法也是根本行不通的。实现不同民族国家文化的和谐发展始终是人类社会发展的最高道义追求。我们应该推动不同文明相互尊重、和谐共处，让文明交流互鉴成为增进各国人民友谊的桥梁、推动人类社会进步的动力、维护世界和平的纽带。因此，民族国家文化交往走向共赢，应成为我们构建文化交往战略理论的自觉遵循。

（一）倡导"和而不同"追寻文化的和谐

通过上文的分析可知，全球化时代的文化交往中，西方发达国家坚持文化普遍主义谋求西方文化普世化，从而在突出和强调文化普遍性的同时抹煞了文化的特殊性，无视民族文化之间的差别，从而极易导致文化中心主义，对他民族文化的存在和发展造成了伤害；发展中国家坚持文化相对主义固守民族文化独特性，在强调和凸显文化特殊性的同时抹煞了文化的普遍性。事实上，文化普遍主义和文化相对主义的共同之处，就是都割裂了文化的普遍性与文化特殊性的辩证关系，都是从两极对立的思维方式去思考文化问题，从而使文化交往与发展陷入了形而上学的窠臼。

在全球化时代，为了避免民族国家文化溜向片面或单向发展的轨道，真正实现各民族国家文化的和谐相处，就要在文化交往实践中，寻求在文化的普遍性与文化的特殊性之间保持必要的张力。"和而不同"坚持求同存异，提倡文化的互鉴交流，能够正确处理全球文化交往中文化的普遍性与文化的特殊性的关系，因此，"和而不同"理应成为民族国家构建文化交往战略的思想基础和自觉原则。

"和而不同"作为中华传统文化的重要思想，有着悠久的历史。早在春秋战国时期，人们就尝试区分"和"与"同"的差异，并形成了较为深刻的认识，其中周朝的史官史伯提出的"和实生物，同则不继"最具代表性。史伯认为，任何事物的存在和发展都是由不同因素和合而形成的，若是没有差别和缺乏异质性，只有同质性，则事物的存在和发展就难以为继。质言之，不同事物或因素处于和谐状态，事物就能繁荣发展；如果同质的事物或因素简单相加，则会使事物发展陷入停滞或灭亡。孔子在继承和发展史伯的"和实生物，同则不继"的基础上，明确提出了"和而不同"的思想。"和而不同"语出《论语·子路》："君子和而不同，小人同而不和。""同"指同一、认同、同意；"和"指和谐、调和、和睦。"和而不同"，是指在保持自身独立性的同时与他人合作，以达到真正的和谐。

在全球化时代，文化交往战略要遵循"和而不同"的思想原则，就必须做到：第一，具有"存异"的心态。"和而不同"的前提和基础是承认和尊重差异。人类的发展史告诉我们，由于不同的地理环境、风俗习惯、生活方式等，不同民族国家的文化总是各具特色，互相差异。这种差异构成了民族文化的特殊性，形成了世界文化多样性的生态格局。但是，我们并不能仅承认文化的差异，在文化交往中，只注重文化的特殊性，而忽视和否定文化的普遍性，那样就会陷入文化相对主义的窠臼。这意味着，"存异"的心态，并不等于一味地"求异"，其有别于一些发展中国家在强调和凸显文化特殊性的同时抹煞文化的普遍性的极端思想，其致力于的"不同"是在认同文化普遍性的前提下，对文化特殊性的弘扬、维护、肯定。第二，树立"求同"的意识。"和而不同"的目的是对"和"的遵循，即"求同"。这种"求同"是文化普遍性的具象呈现。这要求在文化交往中，应正视各民族国家人民在经济、政治、文化、生态等方面的整体利益，努力寻求文化的普遍性，在一些波及各民族国家的全球性的重大问题上达成文化共识，加强民族国家间文化的交流与合作。"全球的发展使得我们有理由相信……只要我们努力寻求，就能在世界各地找到对话的伙伴和合作的意向。"[1]但是，我们并不能仅注重文化的普遍性，而忽视和否定文化的特殊性，那样就会陷入文化普遍主义的窠臼。这意味着，"求同"的意识，并不等于一味地寻求统一或同一，其有别于西方发达国家坚持文化普遍主义谋求西方文化普世化，在突出和强调文化普遍性的同时抹煞了文化的特殊性的极端方式，其追求的"和"是在承认和尊重民族文化特殊性的基础上，寻求人类文化的普遍性，即在维护和保持民族文化特殊性的同时，实现文化的同生、同存、同发展。

总之，在全球化时代，民族国家文化交往战略要遵循"和而不同"，就既要警惕一味求同，不能片面强调文化的普遍性而漠视文化的特殊性，避免陷入文化普遍主义的窠臼；又要防止一味求异，不能片面强化文化的特殊性而忽视文化的普遍性，避免陷入文化相对主义的窠臼。在文化交往中，倡导"和而不同"，就是以承认和尊重差异为基础和前提，以交流互鉴、互相促进为手段，实现求同的目的，最终达成文化共存共赢的价值目标。

（二）奉行文化进步主义达致文化的共生

民族文化交往和文化发展的历史和现实证明，无论是以西方发达国家为代表的强势文化所推行的文化中心主义，还是以广大发展中国家为代表的弱势文化所倡导的文化保守主义和文化激进主义，都不能实现民族国家间文化交往的合理与有序。究其原因，就在于它们都深深陷入了非此即彼的两极对立的思维模式。因此，从反思性、积极性和建设性的角度来说，促进民族国家间文化交往的健康发展，就必须诉诸一种新的文化观念，做

---

[1] 哈拉尔德·米勒.文明的共存——对塞缪尔·亨廷顿"文明冲突论"的批判[M].郦红等，译.北京：新华出版社，2002：298.

到对文化中心主义、文化保守主义和文化激进主义的扬弃与超越。这种新的文化观念就是文化进步主义。文化进步主义是由我国著名文化哲学家丁立群教授提出的。丁教授在分析文化进化论产生的历史与现实弊端的基础上，提出了文化进步主义的思想。丁教授认为，文化进步主义的内涵主要包括：第一，文化进步主义是对"善"的追求，其具有一定的人道主义、道德判断和审美意义；第二，文化进步主义在文化的衡量标准上，倡导超功利的人道主义和道德判断性以及涵盖特殊的普遍价值性；第三，文化进步主义以全球化的问题为视阈，提倡"世界文化"是文化多向性与趋同性的统一；第四，文化进步主义主张世界各民族文化的积极交流、互动和融合。[1]质言之，文化进步主义作为契合全球文化发展趋势和人类共同利益的、合理的、科学的文化价值观念，其既倡导尊重民族文化的独立性，又积极反对阻隔民族文化交往；既提倡优秀文化传统的复兴与建构，又支持文化的与时俱进，满足时代发展的诉求；既倡导人类普遍的文化价值观，又坚决反对各种形式的文化霸权主义。文化进步主义的根本目标是"谋求形成一种在不同民族文化、地方文化相互独立基础上又相互融合和相互作用的全球文化体系"。[2]

文化进步主义应成为我们应对全球化运动的根本的文化策略和基本的文化逻辑。文化进步主义摒弃了非此即彼的两极对立的思维模式，在民族文化开放与保护之间保持着一种合理的张力，并在民族文化交往和发展中积极倡导文化多向性与趋同性的统一。这种"统一性完全不同于一致性，它不是基于消除各种差别性，而是基于使这些差别在一个和谐的整体中整合"。[3]这样文化进步主义就可以在全球化时代民族国家文化交往过程中做到：一方面，确立了本民族国家在文化交往中的主体地位，在文化交往中继承、坚持和弘扬本民族优秀文化因子，扩大本民族文化的国际影响力和吸引力，从而提升本民族文化的软实力；另一方面，顺应了全球化发展的大势，在民族国家文化交往中，以谦虚谨慎、开放进取和积极务实的心

---

[1] 详见丁立群.全球化的文化选择[J].哲学研究, 2008 (11) : 118-119.
[2] 金民卿.文化全球化与中国大众文化[M].北京: 人民出版社, 2004: 65.
[3] 拉兹洛.多种文化的星球[M]北京: 社会科学文献出版社, 2001: 230.

态，加强同他民族国家文化的互动、交流和互鉴，积极主动地融入世界经济、文化一体化中，从而为世界文化的多样化发展，维护世界文化生态平衡，构建绿色、和谐和美丽的世界做出贡献。

（三）提倡文化整合化力图实现文化共赢

随着全球化的不断深入，人们不禁会发出这样的疑问，在全球化时代的文化交往过程中，必然会展现出文化同质化或文化异质化吗？二者必选其一，而没有别的选择吗？答案是否定的，因为，在全球化时代，我们不应该把文化交往中出现的文化同质化和文化异质化看成是一种既定的结果或目标，也不能把其看成为随着全球化进程的推进而顺次展开的现象（其并不存在发生学上的先后性），而应把其看成是一个辩证统一的过程。因为，在全球化时代"文化的同质化与异质化不是备择（alternative）或替代的关系，它们会一同出现"。[1]这意味着，在全球化时代，民族国家文化交往并不会在文化同质化与文化异质化之间做简单的二选一，其是一个在文化同质化与文化异质化相互作用过程中，而实现的各民族文化的竞生、并存、合作的局面或图景，即是文化的全球化与文化的地方化（文化的民族化）融合而形成的文化整合化。从全球化是一个文化统一性与多样性并存的事实看，"全球资本主义既受到文化同质性制约，又受到文化异质性制约。因此，我们必须直接承认'现实世界'将全球与地方结合起来的尝试"。[2]

既然在民族国家文化交往实践中，单一的文化同质化或文化异质化都不会成为文化发展的终点，那么，在全球化时代，民族国家文化交往就会引起如邹广文教授所言的"不同文化形态的运动、发展与变化呈现出一种整体的相关性和一致性……这种情形预示着人类文化发展将面临着一次空前的文化整合"。[3]

从学理上看，文化整合化主要是指，不同民族国家文化在交往活动过程中通过相互联系、相互合作、相互作用而形成的文化融合及其基础上的

---

[1] 罗兰·罗伯森.全球化：社会理论和全球文化[M].梁光严，译.上海：上海人民出版社，2000：28.
[2] 罗兰·罗伯森.全球化：社会理论和全球文化[M].梁光严，译.上海：上海人民出版社，2000：249.
[3] 邹广文.人类文化的流变与整合[M].长春：吉林人民出版社，1998：287.

文化创新。学者李佩环指出，文化整合化始终有两个方面：一个方面是为了推进地方文化的发展必须参与到全球化的文化交往中，不断借鉴与吸收他文化；另一个方面是在这个不断借鉴与吸收他文化的过程中保持自身文化的传统，形成既适应时代发展要求又具有地方特色的新文化。[1]

文化整合化作为民族文化交往过程中，对文化同质化与文化异质化整合的可能方式，引起了国内外学者的广泛关注。从国外看，最具有代表性的是美国著名社会学家罗兰·罗伯森提出的"特殊主义的普遍化和普遍主义的特殊化"理论。从国内来看，最具代表性的是赵汀阳教授提出的"互相普遍主义"（reciprocal universalism）和丁立群教授提出的"文化进步主义"。

罗兰·罗伯森认为，全球化时代文化整合化在文化交往实践过程中，呈现为"特殊主义的普遍化和普遍主义的特殊化这一双重过程"。[2]具体而言，所谓特殊主义的普遍化，"意味着认为特殊性、独特性、差异性和他者实质上没有限度这一思想的广泛扩散"。质言之，就是各地方文化（各民族文化）放弃文化本质主义或不固守特殊性文化诉求，以主动的姿态融入全球文化交往过程中，那么，某一些特殊性的文化理念或文化价值就会获得全球普遍性。特殊主义的普遍化所倡导的是多元文化，是普世文化的前提，地方文化（民族文化）是普世文化的基础。所谓普遍主义的特殊化，"包含了普遍性的东西被赋予全球人类具体性这一思想"。质言之，就是某种全球性的价值理念或价值观念是可以地方文化化（民族文化化）的。普遍主义的特殊化所倡导的是，任何普遍性都是基于差异性基础上的普遍性，不存在脱离具体地方文化（民族文化）的世界文化，各地方文化（民族文化）都是通过自身的方式分有世界文化。

赵汀阳教授在《认同与文化自身认同》一文中认为"互相普遍主义"的基本信念是：第一，拒绝单方面专门推广某种文化和知识体系的那种普遍主义；第二，各种文化和知识体系同样都具有值得推广并且被推广的普

---

[1] 李佩环.全球化时代的文化交往及其走向[M].广州：世界图书出版公司，2013：83.
[2] 罗兰·罗伯森.全球化：社会理论和全球文化[M].梁光严，译.上海：上海人民出版社，2000：249.

遍价值；第三，在某种程度上互相接受他者的文化价值是保持人类文化的总体生态平衡的必要条件。[1]

丁立群教授在《文化全球化：价值断裂与融合》一文中认为"文化进步主义"是对文化进化论和文化相对论的综合，"文化进步主义"的信念包括：第一，其是文化进化论和文化综合论的综合；第二，其强调文化同质性与异质性的统一；第三，其强调文化发展的创造性；第四，其强调文化发展的全面性、总体性，文化进步主义是形而上和形而下的统一；第五，其理想是构建一种超级新文化类型——世界文化。[2]

通过国内外学者关于文化整合化的研究，我们可以进一步明确，文化整合化是一种异中有同，同中有异，相互联系，相互依赖，不可分割的文化多样性的统一体。这种文化多样性的统一体，所追求的是有差异的共同性（异中有同）和共同的差异性（同中有异），而不是单方面、片面的一致性或统一性，它所展现的是各地方文化（民族文化）相互之间开放与融通，它不是专注个别地方文化或民族文化，而是把观照人类整体命运作为责任与担当。"全球文化应当由地球上各个地方民族文化共同参与、创造，而不能由某些个别国家代替操办，它应该是大合唱发出的'和声'，而不是独唱。"[3]正如费孝通先生指出的，全球化中不同文化自我认识的觉醒，使建构何种文化关系问题日益凸显。在全球化过程中提倡"文化自觉"就是要促进世界范围文化关系的多元一体格局的建立，即全球范围实行和确立"和而不同"的文化关系，建构文化上的"各美其美，美人之美，美美与共，天下大同"的全球文化新格局。

---

[1] 参见赵汀阳.认同与文化自身认同[J].哲学研究，2003（7）：21.
[2] 参见丁立群.文化全球化：价值断裂与融合[J].哲学研究，2000（12）：8-13.
[3] 种海峰.时代性与民族性——全球交往格局中的文化冲突问题研究[M].北京：中国社会出版社，2011：185.

第四章　全球化视阈下西方发达国家文化交往战略的现实审视

20世纪90年代，随着东欧剧变，冷战的终结，全球化进入了新自由主义主导的发展阶段。新自由主义亦成了西方发达国家文化交往战略的主导理念。在新自由主义主导下西方发达国家文化交往战略的思想基础是什么？基本手段有哪些？要实现何种目的？存在哪些弊端与面临哪些挑战？对这些问题的研究和探讨，既是我们认清西方发达国家文化交往战略实质的需要，也为我们探寻构建当代中国文化交往战略提供镜鉴与启示。

一、西方发达国家文化交往战略的现实策略

新自由主义主导下的西方发达国家文化交往战略，是全球化发展进入新自由主义阶段的必然产物，其在客观上促进了世界文化的交往与进步。但是，从本质上看，新自由主义主导下的西方发达国家文化交往战略作为国际垄断资本维护与扩张霸权利益的战略，其担负着对内维护资产阶级的统治，对外拓展资本全球利益，并最终征服世界的使命。

（一）以普世价值为思想基础

"普世价值"一词由普世和价值两个词构成。从词源上来说，"普世"一词源于希腊文，主要指整个有人居住的世界。"价值"一词则指主体的需要与客体满足主体需要之间的意义关系。就发展历程而言，"普世"和"价值"构成"普世价值"一词，经历了宗教化到学术化，再到政

治化的过程。20世纪60年代以来,"普世价值"被政治化,成了西方发达国家价值观的别称或代名词、意识形态渗透的工具,进而成为其文化交往战略的思想基础。所谓"普世价值",主要是指超种族、超国家、超阶级、超地域的,对于任何人、任何社会、任何时代都普遍适用的价值观念。就基本内容而言,在当代,西方发达国家所倡导的"普世价值",主要包括自由、民主、人权等观念,其被鼓吹为具有广泛性、普适性和永恒性而在世界范围内实施和推广。

西方发达国家所鼓吹的"普世价值"之所以能成为其构建文化交往战略的思想基础,得益于其表面上似乎符合人们的常识而容易引起共鸣的错觉。这个所谓的"常识"就是,每个人作为人,都应具有与其他人乃至全人类都具有的"相同本性"或共通的"共性",而建立在这种"相同的本性"或共通的"共性"基础上的价值必然是"普世价值",具有广泛性、普适性和永恒性。这种"普世价值"被认为是"与生俱来",是世间永恒真理的体现和化身,具有超时空的特性,是每个社会和个体都必须遵循的至高无上的价值标准与价值原则。按照这一思想和思维逻辑,否认普世价值就等于自绝于人类,相反站在"普世价值"的立场上,遵循和宣扬"普世价值"就似乎站在了宇宙理性和人类道德的制高点,拥有了至高无上的话语权。西方发达国家以"普世价值"为思想基础的文化交往战略,是实现资本逐利、谋求世界霸权和意识形态渗透的实践需要和必然选择。

从实现资本逐利来看,资本的本性和扩张的目的就是追求利润的最大化,为了实现这一本性和达成这一目的,资本家往往会不择手段和铤而走险。正如马克思所说,如果有百分之二十的利润,资本就会蠢蠢欲动……如果有百分之三百的利润,资本就敢于践踏人间一切法律。这意味着,不断地开拓世界市场,获得尽可能多的利润,是资本一以贯之的"普世"追求。西方发达国家以"普世价值"为思想基础的文化交往战略,正是资本这种逐利本性的观念表达和文化战略保障。

从谋求世界霸权来看,称霸世界一直是西方发达国家矢志不渝的战略目标。早期资本主义阶段,西方发达国家主要是通过发动局部的战争甚至世界大战的方式谋求实现称霸世界的目标的。随着时代的发展,特别是和平与发展成为时代主题的前提下，通过暴力战争的手段从而达到称霸世界的目标，越来越显得不合时宜了。为此，西方发达国家改变了方式，运用文化渗透、输出西方民主和推行全球一体化等软硬兼施的方式，谋求称霸世界的目标。这样，利用先进信息技术和特有的传播优势在文化交往中推行"普世价值"，就使西方发达国家成了国际政治经济秩序的制定者、主导者和最大受益者，企图实现称霸世界的目的。

从意识形态渗透来说，意识形态渗透是西方发达国家和国际垄断资本实现其利益和颠覆他国政权的主要手段。冷战结束后，在新自由主义思想的主导和支配下，全球化得到了进一步的发展，世界范围内各种思想文化交流、交融、交锋更加频繁，西方发达国家也加紧了对广大发展中国家意识形态渗透的步伐。与以往不同的是，虽然西方发达国家依然在世界上推销他们的价值观念，对其不喜欢的国家和政府进行意识形态渗透，但是，他们往往采取宣扬"普世价值"而淡化意识形态之虚，实施循序渐进的意识形态渗透之实。"普世价值"具有淡化意识形态的作用，因而，"普世价值"就成了西方发达国家进行意识形态渗透，宣扬资产阶级的世界观、价值观，诋毁和攻击马克思主义的世界观、价值观的有力武器。恰如亨廷顿所说，普世文明的概念有助于为西方对其他社会的文化统治和那些社会模仿西方的实践和体制的需要做辩护。普世主义是西方对付非西方社会的意识形态。

（二）以征服世界为终极目标

文化交往战略目标是一个国家或集团，在文化交往战略实施过程中所要达到的预期目标或结果。征服世界，一直是西方发达国家对外战略的终极目标。这源于资本扩张的本性与需求。资本寻求不断增值和利益最大化的本性，驱使资本家必须奔走于全球各地，必须不断地开拓世界市场，必须到处落户，到处开发，到处建立联系。资本走向世界，开拓世界市场的过程，就是资本主义征服世界的过程。正如马克思所说："资产阶级使农村屈服于城市的统治。……正像它使农村从属于城市一样，它使未开化和半开化的国家从属于文明的国家，使农民的民族从属于资产阶级的民族，使东方从属于西方。"[1]

西方发达国家向来将自己视为"文明"国家和"先进"国家，而将广大发展中国家视为"野蛮"和"落后"国家。以"文明"为幌子，对广大发展中国家发动战争或文化渗透，从而破坏其他文明的独立性、同化其他文明，最后以西方文明同化世界或一统世界，进而实现征服世界，是西方发达国家文化交往战略的终极目标。西方强势文化的"文化同质化的诉求，就是谋求建立一种全世界共同的没有地方差异的'人类共同文化'，这种共同文化将消灭不同文化之间的差异，使多样性的文化最终归为同一种文化"。[2]

冷战结束后，随着两极对立格局的解体，世界经济和贸易发展真正进入了全球化时代。在和平与发展成为时代主题的大背景下，西方发达国家并没有放慢征服世界的步伐，反而在新自由主义的指导下，加紧了对外经济、政治和文化扩张的步伐。与以往不同的是，西方发达国家再也不能像过去那样，采取赤裸裸和直接的方式控制与干涉落后国家和地区的经济与政治。它们企图利用高度发达的信息手段和大众传媒加紧对落后国家或地区进行文化渗透。显而易见，它们加强文化渗透的根本目的，就是从政治上、经济上影响和控制这些国家和地区，从而达到征服世界的最终目的。

为了实现征服世界的最终目标，西方发达国家大肆宣扬西方文明的普世性与终极性。"历史终结论"是这一文化交往战略的最典型代表。日裔美国学者弗朗西斯·福山，在《历史的终结》一文中宣称，20世纪发生的根本性变化是西方自由主义取得了胜利。中国与苏联不得不进行改革和西方文明处于统治地位等现象，不仅标志着冷战的结束，更表明了历史将以西方自由民主的普及而告终。西方发达国家通过大肆宣扬和推广"历史终结论"，鼓吹自由与民主的理念已无可匹敌，西方的自由民主制度是人类历史上最完美的社会制度，资本主义以其优越性与普世性将成为人类社会发展的必然选择和最终归宿，企图同化和消灭社会主义制度，实现世界

---

[1] 马克思恩格斯文集（第2卷）[M].北京：人民出版社，2009：36.
[2] 金民卿.文化全球化与中国大众文化[M].北京：人民出版社，2004：64-65.

资本主义化，从而达成征服世界的最终目标。

（三）以文化输出为重要手段

任何文化交往战略目标的实现，都要依靠和凭借一定的手段才能得以实施和完成。在资本主义发展的不同历史阶段，资本主义国家采取的资本输出方式是不同的。列宁指出："对自由竞争占完全统治地位的旧资本主义来说，典型的是商品输出。对垄断占统治地位的最新资本主义来说，典型的则是资本输出。"[1]20世纪70年代，西方发达国家为了摆脱实行凯恩斯主义而带来的经济发展的滞胀局面，大力提倡私有化、自由化、个体化和调控非政府化的新自由主义思想。在新自由主义思想的影响下，文化输出成了西方发达国家文化交往战略的重要手段。

文化在国际关系中一直发挥着重要的作用，特别是20世纪90年代初，随着哈佛大学教授约瑟夫·奈提出"软实力"（soft power）概念后，文化在国际战略中的地位和作用，日益受到各国的重视。通过"软实力"，即通过文化价值观吸引力而非武力的威逼而达到战略目的，成了西方发达国家实施文化战略的重要手段。克林顿任美国总统后，就曾公开宣称，美国不是通过武力，而是通过信息、国际交流以及类似的软手段来破坏中国的共产主义制度。

西方发达国家将西方文明内涵的"民主""自由""公平""正义""法制""人权"等神化为放诸四海而皆准的普世理念，并将其输出和推广至全世界，以征服和控制发展中国家决策者及民众的思想、文化、政治意识、价值观念。美国就是利用其在文化上的垄断地位，在世界范围内大肆推广新自由主义思想的，鼓吹其文化理念、价值观念和生活方式，并以此达到影响和改变人们对一个国家的认同，达到同化他国的目的。文化输出之所以受到西方发达国家的青睐，一方面是得益于其不易察觉且效果也更佳；另一方面是其一旦成功，西方发达国家对广大发展中国家和落后地区的征服将取得比军事征服和经济控制更彻底、更长远的效果。

西方发达国家的文化输出主要有以下几种途径。第一，通过媒介传

---

[1] 列宁专题文集 论资本主义[M].北京：人民出版社，2009：150.

播输出西方文化。媒介作为传播活动的载体,可以拓展传播渠道、扩大传播范围和提高传播速度,因此在文化输出中发挥着巨大的作用。当前,以互联网为代表的新媒体,不仅具有传输速度快、时效性强的优势,而且还能以灵活多样的形式实现文化传播的即时性。因此,西方发达国家十分重视媒介的文化交往战略价值,不仅利用先进的数字技术手段和数字传播方式,大肆鼓吹和输出西方的文化思想和价值理念,而且特别注重发展与网络传媒的关系,隐形地传播西方的思想文化。

第二,利用经贸关系输出西方文化。对于西方发达国家而言,大力发展国际经济贸易活动具有双重的效应,一方面,可以获取高额的经济利益;另一方面,西方发达国家利用国际经贸、文化交往扩大之机,在向广大发展中国家和落后地区输出工业产品时渗透西方文化理念和价值观,NBA、麦当劳、可口可乐、好莱坞电影、耐克鞋等都成为西方文化和价值观输出的重要载体,充当了西方文化输出的"搬运工"和"传教士"。

第三,通过提供"公共产品",使西方文化价值理念内嵌其中。世界银行、国际货币基金组织和世界贸易组织等作为以美国为首的西方发达国家为世界治理提供的"公共产品",是在西方发达国家的主导下构建起来的,必然承担着输出西方文化价值理念的使命。

二、西方发达国家文化交往战略的弊端剖析

有些西方发达国家凭借自身拥有的强大经济、政治和军事实力,在文化交往中居于支配地位,起着主导作用,它们在文化交往中奉行冷战思维、遵循丛林法则、倡导零和博弈,从而导致了文化霸权主义的盛行,文化民族主义的迷失,文化多样性的破坏,弱势民族国家文化安全受到冲击。

(一)文化霸权主义的盛行

当前,伴随着世界多极化、经济全球化、信息网络化的迅猛发展,各民族国家和地区之间在合作和交往的范围和程度上都实现了前所未有的扩大。众所周知,全球化是一把双刃剑,广大落后的发展中国家在吸收和借

鉴西方发达国家先进的生产技术和管理经验的同时，西方发达国家趁机向落后的发展中国家输出其思想文化和价值观念，致使文化霸权主义盛行，对世界文化格局和文化生态造成了严重影响。从某种意义上说，文化霸权主义是全球化时代，威胁人类文化和谐发展的重要问题，其是西方发达国家文化交往战略弊端的重要表现。文化霸权主义，不仅阻碍了不同民族国家文化之间平等交往和对话，而且严重影响了人类和平、发展和进步的历史进程。

文化霸权主义，亦称文化强权、文化帝国主义、文化殖民主义，一般是指国与国、民族与民族之间的文化价值观的强加行为。[1]从某种意义上说，文化帝国主义是文化殖民主义在全球化时代的新的表现形式。一般认为，文化霸权这一概念，是20世纪30年代由意大利早期共产党著名思想家葛兰西首先提出来的。葛兰西围绕无产阶级夺取领导权并进而夺取政治领导权出发，论述了包括"霸权""阵地战"等在内的政治观念。在葛兰西看来，文化霸权是一个统治阶级所采取的必不可少的统治形式。统治阶级正是通过文化人和文化机构，才使自己的文化价值观成为普遍接受的行为准则的。他指出："一个社会集团的霸权地位表现为以下两个方面，即'统治'和'智识与道德的领导权'，一个社会集团统治着它往往会'清除'或者甚至以武力来制服的敌对集团，它领导着同类的和结盟的集团。"[2]

葛兰西主要是从一个国家的内部，即从统治阶级与从属阶级的关系上来阐述文化霸权主义的。就当代西方发达国家推行的文化霸权主义而言，其主要指在全球化时代，广泛存在于或发生于世界范围内的民族国家之间的文化霸权行为和现象，特指以美国为首的西方发达国家以其自身强大的经济、政治和军事实力或力量在世界范围内所推行的文化霸权行为。这种文化霸权主义意味着，"如果共同的价值观正在形成，它们应该是符合美国人民意愿的价值观"[3]。

---

[1] 姜秀敏.全球化时代的国家关系研究[D].长春：吉林大学，2006：73.

[2] 安东尼奥·葛兰西.狱中杂记[M].曹雷雨等，译.北京：中国社会科学出版社，2000：38.

[3] 转引自王晓德.美国文化和外交[M].北京：世界知识出版社，2000：541.

第四章 全球化视阈下西方发达国家文化交往战略的现实审视

冷战结束后,人类社会进入了全球化快速发展的时代,世界格局发生了重大变化。美国成为世界上唯一的超级大国,其以全球化之便,凭借自身强大的经济、政治和军事实力或力量在世界范围内扩张自己的文化思想和价值观念。这些文化思想和价值观念超出了国家领土的控制范围和民族文化的界限,在一定程度上,对世界各民族文化传统起到了瓦解和摧毁的作用。文化霸权主义对以美国为首的西方发达国家来说,是一种文化殖民主义在当前全球化时代的延续。以文化霸权来替代传统的赤裸裸的军事干预、政治压迫和经济剥削,是以美国为首的西方发达国家在新自由主义全球化时代处理对外关系的重要手段。"文化霸权主义"反映了以美国为首的西方发达国家采取强权手段向广大发展中国家和落后地区推行西方的文化思想和价值观念,企图利用西方文化和思想的感染力实现其利用军事、经济和政治手段难以达成的目的,最终实现"不战而屈人之兵"的目的。正如布热津斯基所说,削弱民族国家的主权,增强美国的文化作为世界各国榜样的文化和意识形态力量,是美国维持其霸权地位所必然实施的战略。在今天的全球化背景下,西方国家主要通过精神和道德诉求,影响、诱惑和说服别人相信和同意它们的行为准则、价值观念和制度安排。[1]

为了顺利实施文化霸权主义政策,西方理论家也纷纷著书立说,为文化霸权主义在世界的推广做理论论证与实践辩护。其中,汤姆林森的文化帝国主义理论、亨廷顿的"文明冲突论"以及福山的"历史终结论"是最具代表性的理论。

汤姆林森的文化帝国主义理论认为,帝国主义已经被"全球化"取而代之,文化帝国主义变成了文化的全球化,存在的只是文化的影响,这种文化的影响代表着一种解放的力量,其是当今文化发展中一个不能幸免的文化宿命。显然,汤姆林森的文化帝国主义理论的文化霸权主义倾向是十分明显的。"汤姆林森批判的是有关批判文化帝国主义的话语方式……一笔勾销了事实上存在着的西方现代性文化的扩张,把'文化帝国主义'变

---

[1] 李存秀.论全球化背景下西方的文化殖民主义[J].学术交流,2002(6):107.

成文化的全球化，把文化的同质化当作了一个谁也不能幸免的宿命。"[1]

亨廷顿的文明冲突论认为，冷战结束后，世界冲突根源，将会发生转移，即主要由意识形态和经济引起的，转变为主要由文化引起的。亨廷顿指出："最普遍的、重要的和危险性的冲突不是社会阶级之间、富人和穷人之间，或其他以经济来划分的集团之间的冲突，而是属于不同文化实体的人民之间的冲突。"[2]从本质上说，"文明冲突论"延续了冷战思维，其为西方文化的扩张提供了理论依据，是对美国在后冷战时代巩固世界霸权战略意图的最好的诠释，其暗含着以美国为首的西方国家对广大发展中国家进行文化渗透的文化霸权主义思想。

福山的"历史终结论"企图以西方自由主义思想与自由民主制度作为"普遍真理""终极真理"强加给人类社会。这无疑为西方国家的文化霸权主义披上了所谓的"正义"和"合法性"的外衣，"'历史终结论'不过是以特殊性取代普遍性的独断论，是以不同的方式表述的种族中心主义，它始终秉持'西方中心主义'立场，是一种文化交往中的文化优越心理与不宽容态度"[3]。

（二）文化民族主义的迷失

文化与民族具有内在的统一性。文化是以民族为前提，并以民族为载体而存在和发展的，民族又因依托了文化这一坚实根基而愈益牢固和紧密，文化成为民族身份的象征和精神的烙印。在人类文化发展的历史长河中，各个民族都形成了本民族所特有的语言、文字、工具等文化形式的个性特征，这些个性特征就是文化的民族性，其是民族文化之间区别的显著标志。在全球化时代，各民族间文化交往的日益频繁，民族文化超越了民族、国家和地域的界限，使文化的民族性之间的比较成为可能。这里需要指出，在文化实践中，我们不能将文化的民族性与文化民族主义直接等同起来，二者之间具有严格的界限。何为文化民族主义？郑师渠先生认为，"所谓文化民族主义，实为民族主义在文化问题上的集中表现。它坚信民

---

[1] 李佩环.全球化时代的文化交往及其走向[M].广州：世界图书出版公司，2013：62.
[2] 塞缪尔·亨廷顿.文明的冲突与世界秩序的重建[M].周琪等，译.北京：新华出版社，2002：7.
[3] 李佩环.全球化时代的文化交往及其走向[M].广州：世界图书出版公司，2013：59.

族固有文化的优越性,认同文化传统,并要求从文化上将民族统一起来"[1]。

在全球化时代,文化民族主义在保护落后民族国家文化权力和利益中发挥了巨大的作用,文化民族主义激发了民族意识的觉醒。正如何中华先生所指出,在全球化背景下,对于处于弱势地位的民族来说,其独立性特别是它的文化价值、文化传统和民族尊严遇到了空前的挑战。这种危机感在很大程度上促成了民族情绪的高潮,促成了民族意识的觉醒,从而导致了民族主义的勃兴。

不可否认,在全球化时代,文化民族主义确实在很大的程度上起到了保护民族文化特色和精神特质的作用,但是,一个不容忽视的问题是,文化民族主义也极易在坚守和自保民族文化特色和特质的过程中走向极端,"民族意识既是天使又是恶魔,关键看它在什么时候什么场合出现和怎样发挥作用"[2]。质言之,如果在文化交往和对话中,过度强调文化民族主义,有意将民族国家之间文化的差异绝对化,试图以文化民族主义的激情来拒绝他民族文化,就会陷入狭隘民族主义,造成文化民族主义的迷失。文化宗教激进主义是文化民族主义在全球化时代迷失的表现,是对文化民族主义原初的民族文化自保宗旨的背离,使民族文化在发展中陷入了极化思维方式的窠臼。

在全球化时代,西方发达国家在文化交往中,大肆宣扬和鼓吹西方文化思想和价值理念,企图以西方文化同化和统一全世界。随着西方强势文化的入侵,越来越多的落后民族国家的文化受到威胁,为了反抗西方强势文化的入侵,抵制文化同化,它们在谋求一种本土化的旨趣的过程中逐渐走向文化本土化。"希望在文化全球化中倡导、显示、突出自己的本土文化的号召力和文化认同纽带作用……当这些诉求得不到满足,受到阻碍,就可能极端化为宗教激进主义,成为一种强烈的文化和政治的运动。"[3] 事实上,从一定意义上说,文化宗教激进主义,是落后民族国家文化民族主义过度发展的产物。在全球化时代,不同民族国家在文化交往中的地位

---

[1] 康晓光.文化民族主义论纲[J].战略与管理,2003(1):17.
[2] 李春话.文化民族主义:原初形态与全球化语境下的解读[J].当代世界与社会主义,2004(5):92.
[3] 金民华.文化全球化与中国大众文化[M].北京:人民出版社,2004:71.

和力量是不同的，以美国为首的西方发达国家的强势文化与广大发展中国家的弱势文化之间的斗争持续存在着，随着强势文化的入侵的加重，弱势文化的维护和反抗也愈来愈强烈，这种文化民族主义反抗强度达到了一定的程度就过度化为文化宗教激进主义了。正如学者金民卿指出，宗教激进主义从根本上说是全球化条件下弱势文化对自己维护和固守的一种过度趋向，是对文化入侵和文化霸权反抗的一种极端形式。[1]

（三）文化多样性的破坏

文化多样性，是人类社会发展的客观事实和基本特征。在人类文明发展进程中，由于各民族、国家所处的时空范围的不同，因此形成了迥然不同的文化。虽然不同民族、不同国家创造的文化是不同的，各有其地域和民族特色，呈现出极大的民族特性，但这些文明成果之间却没有高低和优劣之分，都是人类文明的共同财富。正如自然界维持生态平衡必须有多种多样的生物物种存在一样，世界任何文化的发展同样也需要适宜的多样性的文化生态环境。2001年11月联合国教科文组织第31届大会通过的《世界文化多样性宣言》就明确指出：文化在不同的时代和不同的地方采取了多样化的表现形式……作为一种交流、创新和创造的源泉，文化多样性对于人类就像生物多样性对于自然界一样是必不可少的，从这个意义上说，文化多样性是人类的共同遗产，应该为了当今和未来时代人类的利益予以承认和肯定。

文化多样性，是保持世界文化生态平衡和促进世界文明发展进步的重要动力。多样性的文化孕育着民族国家不同的生活方式、思想方式和价值取向，可以说相互间各有千秋。世界文化的这种多样差异和多元互竞的发展局面，对人类文化的发展而言，是有百利而无一害的幸事，正是由于文化之间的差异多样和多元互竞，才形成了世界文化欣欣向荣的局面，从这种意义上说，文化多样性是推动人类文化发展和保持世界文化生态平衡的源泉和动力。正如习近平总书记所指出，应该推动不同文明相互尊重、和谐共处，让文明交流互鉴成为增进各国人民友谊的桥梁、推动人类社会进

---

[1] 金民卿.文化全球化与中国大众文化[M].北京：人民出版社，2004：71.

步的动力、维护世界和平的纽带。

然而，以美国为首的西方发达国家在世界文化交往中，推行霸权主义和强权政治，严重破坏了世界文化生态的多样性。马克思主义认为，经济基础决定上层建筑，这意味着，"一个阶级是社会上占统治地位的物质力量，同时也是社会上占统治地位的精神力量……占统治地位的思想不过是占统治地位的物质关系在观念上的表现"。[1]就世界经济发展的总体而言，以美国为首的西方发达国家主导着世界经济的发展，从而导致了世界经济政治发展的不平衡。由于世界经济政治发展的不平衡性，所以在现有的全球文化交往中，以美国为首的西方发达国家凭借强大的经济、政治和军事实力，垄断着全球文化交往规则的制定权和秩序的主导权。这使以美国为首的西方发达国家可以轻而易举地通过主导和操纵国际组织和机构的方式，按照它们的利益而建立、控制和修改国际规则和机制，从而肆无忌惮地把西方的文化思想、价值观念、生活模式强行推广到世界各地，尤其是广大的发展中国家，并以它们的思想观念来改造世界，改造大众意识，最终实现世界的"西方化"或"美国化"，这不仅无助于世界文化的共同繁荣，反而会湮灭世界文化的多样性，从而导致人类文明失去动力，僵化衰落，这是对世界文化生态多样性的严重破坏。

（四）弱势民族国家文化安全受到冲击

随着全球化进程的不断深入，文化安全问题日益凸显，无论是大国还是小国，无论是东方国家还是西方国家，无论是发达国家还是发展中国家，都逐渐认识到文化安全对本民族国家存在和发展的重要意义。在全球化时代，一方面，没有哪个民族国家可以回避文化安全问题；另一方面，由于不同民族国家在全球化中所处的地位和起到的作用不同，因此，不同民族国家所面对的文化安全问题表现出极大的不同，例如，广大发展中国家与西方发达国家相比，所面对的文化安全问题就复杂得多，受到的危害程度更大，受到的影响也更持久。

冷战结束后，以美国为首的西方发达国家掌控着世界文化交往的主

---

[1] 马克思恩格斯选集（第1卷）[M].北京：人民出版社，1995：98.

导权，它们凭借各种文化传播媒介，例如报纸、书籍等传统媒体和电视、广播、网络等新媒体，强行向广大发展中国家灌输其所标榜的具有所谓普世性的价值观念和意识形态。在西方发达国家这种文化霸权下，广大发展中国家的文化传统面临严重威胁，有的甚至处于毁灭的边缘。总体来看，广大发展中国家所面临的文化安全问题主要包括：第一，发展中国家的文化主权受到严重挑战。后冷战时代，美国强力推行"新干涉主义"，企图按照美国的价值观、政治制度、法制思想和治理理念来重构世界秩序，这无疑对广大发展中国家的文化主权造成了严重威胁和极大伤害。1994年美国出兵海地、1999年美国轰炸南联盟、2011年西方国家对利比亚发动了名为"奥德赛黎明"的军事打击、近年来以美国为首的西方发达国家对我国南海问题的干涉，都是侵犯他国文化主权的最好例证。第二，发展中国家文化价值观受到冲击。随着全球文化市场的不断扩大，文化产品成了西方发达国家侵害和腐蚀发展中国家文化传统的新载体和有力武器。无论是美国大片，还是以麦当劳、肯德基等快餐为代表的文化产品或生活消费品都带有极强的西方价值观念，对广大发展中国家的人们起到了潜移默化的文化渗透作用。第三，发展中国家的文化传统受到冲击。以美国为首的西方发达国家所推行的文化战略带有明显的文化殖民和文化霸权的色彩，使广大发展中国家的文化传统被市场化甚至被消解。"不论如何，全世界的电影、戏剧都要经过美国这张滤网……全球化只是无情的帝国主义的一个好听的代名词……给人的总体印象是，单个的中心文化正在强烈地向外辐射。"[1]

这里需要指出，不可否认，当今的全球化主要是以美国为首的西方发达国家主导的，这些国家在全球化时代的文化交往中处于主导地位，起着决定性的作用。但我们不能错误地认为，以美国为首的西方发达国家不存在文化安全问题。事实上，在全球化时代，文化安全具有普遍性，以美国为首的西方发达国家也面临一定的文化安全问题，文化安全问题作为一种

---

[1] 联合国教科文组织.世界文化报告：文化的多样性、冲突与多元文化[M].关世杰等，译.北京：北京大学出版社，2002：94.

客观存在的文化现象，是不以人们的主观意志为转移的。总体来说，以美国为首的西方发达国家面临的文化安全问题主要包括：第一，西方本土文化在发展中变异并产生许多新的文化，消费主义、享乐主义、纵欲主义等使资本主义的文化精神发生前所未有的危机和裂变。第二，消费文化可能引导西方发达国家的大众文化走向异端。第三，西方发达国家的精英文化日益孤立并最终衰落。第四，随着发展中国家的崛起，其反对以美国为首的西方文化霸权的意识和呼声越来越高，致使其文化安全问题凸显出来。

三、西方发达国家文化交往战略的现实挑战

20世纪90年代以来，在新自由主义思想的指导下，全球化不断深入与拓展，整体上极大促进了世界经贸发展，世界经济进入了普遍繁荣和增长的快车道，人类社会的福祉显著提高。但是，不容忽视的是随着全球化进程的深入，也引发了一系列的问题，这些问题对人类社会的发展带来了极大的挑战，主要包括"逆全球化"的挑战，全球性问题的挑战，"三大赤字"的挑战，这些挑战亦使西方发达国家文化交往战略遭遇难题，陷入困境。

（一）"逆全球化"的挑战

2007年美国次贷危机迅速蔓延和影响到西方主要发达资本主义国家，并最终引发了2008年国际金融危机的爆发，这预示着，从20世纪90年代以来，新自由主义主导下的全球化发展进入了拐点，全球化发展遇到了前所未有的阻力。以特朗普当选美国总统、英国脱欧公投和欧洲一些国家民粹主义政党强势崛起等"黑天鹅事件"为代表，"逆全球化"思潮在一些西方国家抬头。"逆全球化"思潮在一定程度上反映了经济全球化进程产生的负面效应，也意味着当今世界发展不确定因素增加，对全球化的发展和未来走向提出了挑战。

当前"逆全球化"思潮主要表现为三个方面。第一，自由贸易理念边缘化，贸易保护主义蔓延。据《全球贸易预警报告》统计，2015年全球采取的国际贸易保护措施的数量比上一年度增长了50%。从单一贸易保护措

施看,据WTO统计,2015年全球实际实施反倾销、反补贴和保障措施的数量分别为181起、23起和13起,分别同比上升了15.2%、14.2%和18.8%,表现出了显著的增长趋势。就具体国家而言,美国是当前采取贸易保护主义国家的典型代表。特朗普当选美国总统后,就在多个公开场合强调"美国利益优先"的原则。在此原则指导下,美国实施了退出TPP、重谈北美自由贸易区、对海外跨国公司征税、限制移民,启动对华301条款调查等贸易保护措施。2018年以来,特朗普在只有贸易保护才能使美国更强大的理念支配下,在贸易保护主义的道路上越走越远,疯狂征收关税的同时,使美国与越来越多国家之间的贸易关系出现了"裂痕",对世界经济的健康稳定发展造成了巨大的影响。

第二,欧美国家政策内顾倾向加重。众所周知,反全球化思想和运动,一直伴随着全球化发展的历程。总体而言,以往反全球化的力量主要来自民间社会,政府和政治力量则极力助推全球化,但如今这种局面发生了大逆转,欧美国家政府和政治力量成了逆全球化的主要推动者和力量。欧美国家利用国家权力限制本国资本、企业的自由流动,强行干预自由市场机制在世界范围内配置资源,国家经济管制极端化。例如,特朗普当选美国总统后,先后宣布退出TPP、巴黎协定、联合国教科文组织、联合国人权理事会等区域或国际组织,这些内顾倾向的政策对世界经济增长前景和市场信心带来负面影响。

第三,保守化倾向加重。美国和部分欧盟国家在投资、社会保障和移民政策等方面"去全球化"趋势明显。例如,特朗普将美国的问题归因于外部因素,扬言为了保护美国工人和低收入人群的利益,要提高美国移民门槛,限制美国移民的数量,甚至要赶走所有非法移民,在美国和墨西哥之间修建高墙以阻拦墨西哥人,并强力推出了举世震惊的"禁穆令"。

"逆全球化"思潮给世界的发展带来了一定的危害,且目前这种危害还呈现逐渐扩大的趋势。主要影响表现为:一是导致经济全球化的减速。资本、技术和劳动力等生产要素的自由流动是经济全球化的重要保障和本质要求。但目前以美国为首的西方发达国家所采取的日益内顾倾向的政策和措施,却是对生产要素和资源全球自由流动的人为阻碍和干预,从而大大降低了国家间合作和相互依赖的程度。由于西方发达国家在全球经济发展中仍旧占据重要地位，因此，在未来相当长的时间内，西方的逆全球化思潮依然是影响全球经济发展的重要力量，极易导致经济全球化减速甚至停滞。

二是激化社会矛盾。从本质上来看，逆全球化反映的是在全球经济发展中，利益受损的国家或利益集团，出于维护自身既得利益而采取的各种反全球化的政策或措施。

三是冲击国际政治关系。逆全球化对国际政治关系形成强大冲击。逆全球化下，以美国为首的西方发达国家，为了维护自身既得利益和谋求自身利益最大化，在对外经贸和政治交往中往往采取保守主义或孤立主义政策，从而削弱了国家之间的联系和交往，阻碍了国际社会和平合作共赢的发展态势。发达国家和新兴国家在竞争国际主导权的过程中，相互间不断增加的战略互疑将加深国际政治关系的裂痕，使国际合作和相互依赖的前景蒙上了阴影。

"逆全球化"作为一种社会思潮，其产生受到诸多因素的影响，主要包括：第一，获益不均，贫富差距增大。从国家间来看，在全球化经济发展中，国家间的获益存在巨大差异。一方面，不可否认，经济全球化促进了发展中国家的群体性崛起，但也使一些国家越来越边缘化，甚至被排挤到全球化经济体系之外，在全球化经济发展中获益甚微，与发达国家甚至新兴国家之间的差距拉大。另一方面，发达国家与发展中国家的贫富差距不断拉大。由于以美国为首的西方发达国家是现行的国际经济贸易规则的主要制定者和主导者，因此它们可以利用"规则"，并依靠先发优势，获得超额垄断利润。这从客观上造成了世界经济发展的红利分配不均，从而造成了发达国家与发展中国家贫富差距的增大。从国家内部来看，在发达国家内部，不同阶层在全球化过程中所获得的利益分配不均衡，掌握资本和技术的少数社会精英阶层获得的收入呈不断增长的态势，人数占绝大部分的中产阶层和低收入阶层出现收入下降的趋势。这一升一降，表明富者愈富，贫者愈贫，贫富差距不断拉大，致使发达国家中下阶层成为"逆全球化"的重要推动力量。

第二，公共政策缺失，国家治理陷入危机。2008年国际经济危机以来，世界经济复苏乏力，西方发达国家深受国际金融危机的影响，国内阶层间收入差距不断扩大。由于很多国家治理政策缺乏创新性和实效性，致使其陷入制度性困境，越来越难以有效回应民众的诉求，很多底层民众开始对政府表现出不满，并开始反对自由贸易和经济全球化。

第三，全球性挑战日益增多，传统全球治理体制出现困境。近年来，随着全球化的发展，恐怖主义、跨国犯罪、非法移民等全球化性挑战不断涌现，但西方发达国家固守传统全球治理体系，国际责任观念淡薄，不愿履行和承担相应国际治理责任与义务，与此同时，它们普遍表现出提供国际公共物品、变革全球治理体系的主观能动性下降，这些都为逆全球化思潮的兴起提供了温床和土壤。

笔者认为，面对逆全球化演进的风险，国际社会特别是主要大国应该着眼全球共同利益，加强协调合作，引导经济全球化健康发展，让它更好地惠及每个国家、每个民族。中国是经济全球化的受益者、推动者和贡献者，更应该趋利避害，积极增扩经济全球化之利，为反制各种逆全球化行为和政策，推动构建开放、包容、普惠、平衡、共赢的经济全球化发挥引领作用。

（二）全球性问题的挑战

全球化是一把"双刃剑"，其在给世界带来诸多好处与利益的同时，也引起了当代一系列的全球性问题。习近平总书记指出，人类也正处在一个挑战层出不穷、风险日益增多的时代。世界经济增长乏力，金融危机阴云不散，发展鸿沟日益突出，兵戎相见时有发生，冷战思维和强权政治阴魂不散，恐怖主义、难民危机、重大传染性疾病、气候变化等非传统安全威胁持续蔓延。所谓全球性问题，就是对全球范围内的人们的生存和发展都产生重大影响和构成威胁的问题，诸如生态失衡、人口爆炸、恐怖主义、跨国犯罪、信仰危机、道德滑坡等。全球性问题超越了国家和地区的界限，关系到整个人类的生存和发展，因此，受到了世界各国广泛的关注与普遍重视。一般来说，当代全球性问题主要波及三个方面：一是人与自然关系上的全球性问题；二是人与人的社会关系上的全球性问题；三是人与自我关系上的全球性问题。

从人与自然关系上的全球性问题来看。人与自然之间的关系，是人类在生存和发展中需要面对和解决的最重要的关系，是人与人的社会关系、人与自我关系产生的前提和基础。1972年罗马俱乐部在《增长的极限》的研究报告中，将人与自然之间的全球性问题概括为：环境污染、生态失衡、人口爆炸、粮食不足、能源短缺、资源枯竭等方面。不可否认，生态环境问题早在近代工业文明的发展中就初见端倪，从这种意义上说，它并不是当代特有的现象。正如大卫·雷·格里芬所说："我们时代严重的全球性问题……都是几个世纪以前才开始统治世界的西方工业思想体系所产生的直接后果。"[1]从表面现象上看，生态环境问题意味着人与自然之间的关系出了问题，即由于人过度开发和利用自然，使人与自然之间的关系处于紧张状态，人侵害了自然，自然又反过来报复人。但是，从内在本质上看，生态环境问题却意味着人与人之间的社会关系出了问题。正是在人类实践活动中，各种不同的利益主体从自身特殊的利益出发，对自然进行疯狂的开发和掠夺，从而损害了他人和后代人的利益。全球化时代，现代化的技术工具和手段的广泛运用，不仅突破了自然界所能承受的限度，而且打破了民族国家地域的限制，最终导致了全球性生态危机。

从人与人的社会关系上的全球性问题来看。在全球化时代，民族国家间的交往日益频繁和广泛，从某种意义上说，全球化促成了一个高度组织化的全球性社会的形成。但是，这一全球性社会的形成并不意味着也并没有消除各民族国家间经济、政治和文化上的差异。众所周知，由于生存环境和生活方式等诸多因素，不同的民族国家在经济、政治和文化上存在差异是历史事实，且在各民族国家彼此处于隔离的状态下，这些差异基本还够不成什么问题。但在全球化时代，民族国家之间的交往活动日益频繁和扩大，民族国家之间的差异就会时常引发各种形式的矛盾和冲突。这些看似局部的矛盾和冲突，往往会引发世界范围内的连锁反应。例如，2008年美国的金融危机就引起了全世界范围内的大波动，其造成的影响时间之

---

[1] 大卫·雷·格里芬.后现代科学[M].马季方,译.北京:中央编译出版社,1995:154.

长、范围之广、强度之大，都是历史罕见的。当代民族主义的复兴、民粹主义的泛起、贸易保守主义的抬头、孤立主义的盛行都与这次金融危机有着密切的关联。

从人与自我关系上的全球性问题来看。人如何处理与自身的关系问题，表面上看起来是一个私人问题，但实质上，这却是一个涉及他人的社会问题。因为，从最本质的意义上看，人的本质是一切社会关系的总和。这意味着，人是在处理与他人的关系中，确立和实现自己作为人的本质的。全球化时代，人与自然关系上的全球性问题、人与人的社会关系上的全球性问题，都会通过各种方式反映在人与自身的关系上，并导致人的心态失衡、价值扭曲、道德沦丧、信仰危机、人性泯灭等。人与自身关系上的这些"问题"，随着全球化的深入，日益成为对人类生存和发展构成严重威胁的全球性问题。例如，暴力、吸毒和卖淫被视为当代世界人性扭曲的三大表现，其早已成为各个民族国家必须解决的重大的全球性问题。

总之，恐怖主义、金融动荡、环境危机、局部战争冲突、核战争风险等问题是当今人类共同面临的问题。这些全球性问题关系到整个人类的生存和发展，任何一个国家或民族都难以独善其身。这些全球性问题超越了国家和地区的界限，单靠一国之力是无法彻底解决的，这就要求世界各国本着人类共同利益原则，加强沟通、交流与协作，为解决全球性问题，实现世界和平和永续发展做出贡献。

（三）"三大赤字"的挑战

和平、发展和善治，是人类社会发展的永恒主题与不懈的奋斗目标。当今世界充满不确定性，各种失序和失范成为国际社会的"新常态"。对此，习近平总书记指出，我们正处在一个挑战频发的世界。和平赤字、发展赤字、治理赤字，是摆在全人类面前的严峻挑战。"赤字"本是财政上的概念，指入不敷出，在此用于表征人类社会发展处于的各种失序和失范状态。为了破解人类"赤字"窘境，我们应该彻底转变国际旧秩序，构建国际新秩序，积极加强世界各国的互联互通、共同发展、共享繁荣。

人类社会发展面临严峻的和平赤字。2008年，起源于美国的金融危机迅速蔓延到多个国家和地区，国际金融环境急剧恶化，致使国际形势发生了复杂而深刻的变化，国际秩序处于失序和失范的状态，国际关系步入了全面深度的调整期，世界局部地区和一些国家深陷动荡和冲突的窠臼，从而衍生出族群冲突、难民危机、跨国争端、恐怖主义，世界和平面临严峻考验。当前人类社会发展面临的和平赤字主要包括：第一，地区热点此起彼伏，跨国争端与族群冲突频发。这主要表现为，叙利亚内战和乌克兰东部冲突仍在持续；朝鲜核武器试验和美韩部署"萨德"，对整个东北亚地区的和平与稳定造成了严重威胁，地区紧张态势呈螺旋状上升；阿富汗和伊拉克依然面临着严重的安全危机；西亚北非地区，由于民族矛盾、政治改革和大国插手干预等因素，和平发展受到严重破坏。第二，极端组织势力猖獗，恐怖主义蔓延肆虐。这主要表现为，"伊斯兰国"极端组织强势崛起，2017年以来，"伊斯兰国"已在西欧、北欧、西亚、东南亚等地制造了多起恐怖袭击；"基地"组织、"东突"组织、"索马里青年党"等恐怖组织仍在大肆活动，对地区和平与稳定带来极大的危害；恐怖主义网络化，国际反恐事业任务更加艰巨。第三，地区局势动荡，难民危机四起。西亚北非持续动荡引发的难民潮，大量涌入的难民加剧了土耳其、约旦等国家爆发冲突的风险。大量难民涌入欧洲，引起欧盟国家内部纷争，对欧洲政治生态造成严重破坏，英国脱欧公投就是最好的例证。

世界和平赤字的产生，根源于以美国为首的西方发达国家所推行的不公平、不合理的国际政治秩序。其一，以美国为首的西方发达国家大肆宣扬和推行的霸权主义、强权政治和新干涉主义，是诱发和导致世界局部地区陷入战争和动荡的根源。冷战的结束，终结了美苏两大集团的对峙局面，在一定程度上减少了世界大战的风险，但是以美国为首的西方发达国家为了实现称霸世界的目的，却变本加厉地在世界范围内推行霸权主义、强权政治和新干涉主义，致使中东和西亚北非的不少国家陷入激烈冲突与持续动荡。

其二，以美国为首的西方发达国家所宣扬和鼓吹的"普世价值"给发展中国家带来灾难。在新自由主义主导下，以美国为首的西方发达国家所倡导的"普世价值"，主要包括自由、民主、人权等观念，其被鼓吹为具有广泛性、普适性和永恒性而在世界范围内实施和推广。但事实证明，

"普世价值"不仅没有给广大发展中国家带来其所承诺的发展和繁荣,反而使这些国家陷入灾难和困境。从经济上看,其增大和加剧了广大发展中国家的贫富分化;从政治上看,其破坏了广大发展中国家原本相对均衡的政治生态;从文化上看,其放大了广大发展中国家的民族、种族、宗教、文化矛盾。

其三,发展中国家的发展不足与缺乏有效的治理激化了社会矛盾。自身发展不足,是长期困扰广大发展中国家的难题。发展不足极易导致贫困、疾病和饥饿,这加剧了社会群体对有限的生活资源的争夺和斗争,而有效治理的缺乏,更加剧了发展不足这一矛盾,导致群体矛盾和冲突,为极端主义行为和行动提供了土壤和借口,削弱了地区和平发展的基础。

当前人类社会发展赤字较为严重。发展问题关系到人类的前途和命运,因此,发展问题历来是人们关注的热点问题。习近平总书记指出,人类社会正处在一个大发展大变革大调整时代,要聚焦发展这个根本性问题,将发展作为解决一切问题的总钥匙。当前人类社会的发展赤字主要包括:第一,地区和国家之间发展失衡导致的赤字。当今社会随着生产力的提高和科学技术的广泛应用,人类社会创造和积累了巨大的物质财富。但是,由于自身基础和外在条件等诸多因素的制约,社会财富分配和分布极其不平衡,这种发展失衡导致的贫富悬殊、两极分化现象还在持续扩大和恶化。在全球化时代,这种发展失衡状态已经超出了一个国家或地区的界限,而带有了全球的性质,国家与国家之间、地区与地区之间的发展失衡现象日益普遍。第二,社会内部贫富分化产生的发展赤字。从最本质的意义上说,发展不仅指物质生产水平的提高,而且指生活质量的改善,就此而言,发展包括提高物质生活水平和精神生活水平两个方面。发展的最终目的就是要实现人的自由、幸福和全面发展。全球化时代,由于复杂的国际分工体系,一方面,导致了发达国家与发展中国家之间贫富两极化现象,世界上最富有的国家与最贫困的国家之间的人均财富相差之大,让人不寒而栗。另一方面,在发达国家和发展中国家内部也出现了贫富两极分化现象。瑞士信贷Credit Suisse发布的最新全球财富报告显示:富人和穷人财富的增长越来越不平衡,全球一半以上的财富属于世界上1%的富人。第三，人类与自然之间矛盾导致的发展赤字。在人类的生存与发展过程中，始终存在着需求的无限性与资源的有限性之间的矛盾，如果不能妥善地处理好两者的关系，在两者之间保持必要的张力，就会导致人类生存环境的急剧恶化，并对环境造成难以弥补的生态创伤。全球化时代，由于受西方文明所倡导的技术理性的影响，在"为了发展而发展"的发展观的支配下，一些国家置自然资源的承受力于不顾，为了实现经济发展的大规模和高速度，不惜以损害生态环境为代价，对自然资源进行了大肆掠夺和过度开发。这直接导致了全球气候变暖、水土资源污染、生物多样性丧失加快等生态危机。

当前人类社会治理赤字明显。众所周知，现行全球治理规则主要是由以美国为首的西方发达国家制定的，现在虽已过时，但新的全球治理体系的建立尚待时日，这就导致了全球社会治理赤字。整体而言，全球社会治理赤字主要表现为：第一，全球社会治理制度赤字。众所周知，二战后，以美国为首的西方发达国家建立了世界银行、国际货币基金组织和世界贸易组织等传统全球治理机制，将其视作为世界治理提供的"公共产品"，但随着全球化的深入发展，这些传统全球治理机制弊端日益暴露，显示出与时代发展的极大不适应性与局限性，全球治理举措自然不管用、不见效。第二，全球社会治理民主赤字。以美国为首的西方发达国家，凭借其强大的经济、政治和军事实力，长期霸占着全球治理发展的主导权、掌控着全球治理规则的制定权、把持着全球治理话语体系的解释权，与此相反，广大发展中国家却处在极其被动的地位，不得不成为国际规则的接受者，在全球治理领域的话语权和影响力非常有限。正如学者张程所指出，治理规则不合理，没有充分考虑广大发展中国家和非西方国家利益；治理位势不平等，发达国家是"中心"的"治理者"，而发展中国家则是"外围"的"被治理者"[1]。第三，全球社会治理责任赤字。承担相应的国际社会治理责任与义务，是全球化时代对每个民族国家的根本要求。一般而言，一国权力的大小与国际社会治理责任的轻重应成正比，权力越大，责

---

[1] 详见张程.治理赤字的思想根源及化解之道[J].红旗文稿,2017(17):32.

任越大。但在以美国为首的西方发达国家主导的全球治理体制下,一方面,造成了西方发达国家在享受较多权力和利益的同时,却极力推脱应尽的义务;另一方面,导致了一些新兴市场和发展中国家由于无法获得与其自身实力相适应的权力,在承担国际责任上缺乏动力。

总之,当前人类社会面临的"三大赤字"的挑战,不仅进一步凸显了以美国为首的西方发达国家所主导的新自由主义全球化的弊端,而且从本质上反映了以美国为首的西方发达国家文化交往战略思维的局限性。

二元对立思维,倡导主客二分,将主体和客体相互对立起来,认为冲突和对抗是世界的本质。在二元对立思维的支配下,以美国为首的西方发达国家,坚持"非我西方其心必异",对新兴市场和广大发展中国家,时时提防、处处遏制,严重破坏了各国之间的文化交流和友好合作。

霸权至上思维,在主客二分思维的基础上,强调强者必然控制、征服和统治弱者。在霸权至上思维的支配下,以美国为首的西方发达国家,奉行"丛林法则",鼓吹"强权就是公理",在世界文化交往中,不仅动用飞机、大炮和导弹等军事力量,而且运用新闻媒体、跨国企业、情报机构,对非西方文明进行同化和围剿,妄图实现西方文明一统天下的终极目标。

自由至上思维,将个体谋求自身利益作为自由,并认为自利的个体追求自己的利益,常常能促成社会的利益。在自由至上思维的支配下,以美国为首的西方发达国家,积极倡导和推动新自由主义制度和政策,以"自由"为幌子,追求自身利益的最大化,追求短期个体利益而不顾长期整体收益,不遵守国际规则和承诺,严重影响和破坏了世界经济、政治和文化交往的正常秩序。

笔者认为,面对人类社会的"三大赤字"的挑战,中国应该为人类破解"赤字"困境贡献力量,正如习近平总书记所说,世界那么大,问题那么多,国际社会期待听到中国声音、看到中国方案,中国不能缺席。我们欣喜地看到,中国作为最大的发展中国家和社会主义大国,正积极推动和构建更具开放性、包容性、普惠性和共享性的新型全球化。中国坚持维护经济全球化,推动包容性增长,维护多边体制权威性和有效性,促进贸易和投资自由化、便利化，改革和完善国际经贸规则，保障各国在国际经济合作中权利平等、机会平等、规则平等。中国提出的"一带一路"倡议和"人类命运共同体"思想是中国为陷入困境的全球化提供的中国方案和中国智慧。"人类命运共同体"思想，倡导共赢共享，从伙伴关系、安全格局、经济发展、文明交流、生态建设等方面进行了系统阐述，为人类社会实现共同繁荣指明了方向。"一带一路"倡议，秉持"和平合作、开放包容、互学互鉴、互利共赢"的理念，全方位推进务实合作，为全球治理提供了新方案。正如习近平总书记所说，要坚定不移推进经济全球化，引导好经济全球化走向，打造富有活力的增长模式、开放共赢的合作模式、公正合理的治理模式、平衡普惠的发展模式，牢固树立"人类命运共同体"意识，共同担当，同舟共济，共促全球发展。

第五章　当代中国文化交往的战略抉择

当今世界处于大发展大变革大调整期，虽然和平与发展仍然是时代的主题，但是，世界面临的不稳定性不确定性因素突出，人类面临着许多全球性问题的挑战。新的时代、新的发展和新的使命为民族国家间文化交往提出了更高的要求与期待。中国作为世界上最大的发展中国家和负责任的大国，应当为此贡献中国智慧、中国理念和中国方案。本章力图兼顾系统性、针对性和实效性，对当代中国文化交往的战略抉择问题进行了探究。重点探究当代中国文化交往战略的长远目标、基本原则及其实施策略。对这些问题的探究，既是对西方发达国家文化交往扩张战略、发展中国家文化交往自保战略的积极扬弃，又是对新型全球文化交往战略的理论回应与实践建构。

一、当代中国文化交往战略的长远目标

全球化时代为民族国家间文化交往提供了前所未有的有利因素与机遇，便捷的交通与高速的信息交流方式使各种文化可以突破空间与时间的限制，实现广泛地互动与交流。但与此同时，全球化时代也给民族国家间文化交往带来了前所未有的问题与挑战，异质文化之间的碰撞与冲突越发激烈、文化多样性遭到破坏、文化霸权主义盛行、弱势民族国家文化安全受到威胁等问题都给全球化时代的文化交往蒙上了阴影。但问题只能面对，历史不能倒退，全球化已经是不可逆转的时代潮流，只有正确面对历史，正视当下，明确文化交往的长远目标，才能真正找到全球化时代中国

文化交往的正确方向，以应对全球文化交往中的各种机遇与挑战。

（一）为中华民族伟大复兴提供精神资源

实现中华民族伟大复兴是近代以来中华民族最伟大的梦想。中国作为文明古国，有着五千年的悠久历史，创造了璀璨的文化，在人类历史发展进程中长期位于世界前列，在人类文明史上书写了浓墨重彩的一笔，为世界文明的发展做出了杰出的贡献。但是，到了近代，由于内外各种原因、主观和客观的多种因素，中华民族遭受了深重苦难。为了拯救民族危难，实现中华民族伟大复兴，不屈不挠的中国人不甘屈辱和落后，无数仁人志士前仆后继，写下了不朽的历史篇章。然而，回顾近代中国的历史，我们可以看到，从鸦片战争到五四运动风云变幻的80年间，无论是农民阶级、资产阶级改良派抑或是资产阶级革命派都没有能力承担起实现中华民族伟大复兴的历史重任。

实现中华民族伟大复兴的历史重任落到了中国共产党人的身上。中国共产党自成立之日起，就把实现共产主义作为自己的崇高理想和终极目标，就义无反顾地肩负起实现中华民族伟大复兴的历史使命。中国共产党至今走过的100年的光辉历程，就是为民族复兴、国家富强和人民幸福做出伟大历史贡献的奋斗历程。党的十九大明确指出，中国共产党人的初心和使命，就是为中国人民谋幸福，为中华民族谋复兴。回顾党的历史，无论是新民主主义革命时期、社会主义革命和建设时期、改革开放和社会主义现代化建设新时期，中国共产党始终肩负着实现中华民族伟大复兴的历史任务，先后完成和推进了实现中华民族站起来的救国使命、富起来的兴国使命和强起来的强国使命。

实现中华民族的伟大复兴就是中华文化的复兴。党的十九大报告指出，文化兴国运兴，文化强民族强。没有文化的繁荣兴盛，就没有中华民族的伟大复兴。可见，文化在中华民族伟大复兴中发挥着难以替代的作用。文化是民族之魂，文化是民族之根，文化是民族的血脉。民族与文化之间存在着本质的必然的联系。从某种意义上说，文化是民族的文化，民族是有文化的民族。民族作为文化的载体，在历史发展的长河中，赋予了不同文化以不同的民族性，故民族性是文化之间区分的重要标识。中华文化的民族性就是中华文化在长期的形成和发展过程中所展现出的带有中华民族特征、气节和品格的民族精神。例如，天人合一、自强不息、厚德载物、和而不同、民胞物与、天下为公、兼容并蓄等。习近平总书记指出，中华文化积淀着中华民族最深沉的精神追求，是中华民族生生不息、发展壮大的丰厚滋养。

在当代中国文化交往实践中实现中华文化复兴意义重大。一方面，中华文化复兴是我们在文化交往过程中抵制文化同质化的根基。习近平总书记指出，中华优秀传统文化是中华民族的精神命脉，是涵养社会主义核心价值观的重要源泉，也是我们在世界文化激荡中站稳脚跟的坚实根基。当今社会，全球化作为世界发展的趋势和潮流，正从广度和深度上席卷世界的每一个角落，世界上任何一个国家都难逃全球化的"魔咒"。众所周知，当前的全球化主要是由以美国为首的发达国家主导的，因此，全球化带有明显的"美国化"或"西方化"的色彩。这导致，在全球化时代，人类文化的发展出现了趋同化的现象，甚至同质化的趋势，例如美国大片、可口可乐、麦当劳、肯德基、宝马、奔驰、阿迪达斯、耐克等文化产品和商品在世界各地到处可见，对本土文化形成了强大冲击。因此，我们应该在全球文化交往中，坚守中华文化的民族性，弘扬中华文化的民族精神，树立中华民族文化的主体意识，自觉维护中华民族文化的本性，为世界文化的多元并存发展做出贡献。

另一方面，中华文化复兴是我们在文化交往中增强文化认同的保障。随着全球化进程的深入发展和网络信息技术以及各种新媒体的介入，中华文化同世界各民族文化之间的碰撞和冲突更为频繁。以美国为首的西方发达国家的强势文化的输出和渗透，对我国文化造成了强大冲击，对我国人民的生活方式、价值取向、思维方式等形成了严重干扰，并严重影响我国人民的文化认同。因此，我们要树立民族文化自觉意识，在全球文化交往中，始终坚持中华文化的主体地位，发挥中华民族文化精神在沟通民族成员过程中的文化认同纽带作用。如，天人合一的和谐精神、自强不息的进取精神、民惟邦本的民本思想、止于至善的崇高追求等，这些都是中华民族文化精神的重要内容和体现，其是我们增强中华民族文化认同的重要载体。

（二）为提升国家文化软实力提供借鉴

一个民族的复兴、一个国家的崛起不仅需要与之匹配的经济、军事等硬实力，而且更需要制度、价值观和意识形态等文化软实力，质言之，一个民族的伟大复兴，一个国家的繁荣昌盛，既需要强大的物质力量，亦需要强大的精神力量。这就意味着，文化是一个国家、一个民族的灵魂。没有强大的文化软实力作为支撑，就没有中华文化的繁荣兴盛，就没有中华民族伟大的复兴。恰如习近平总书记指出，提高国家文化软实力，关系我国国际地位和国际影响力，关系中华民族伟大复兴的中国梦的实现。

全球化时代，以经济、科技和军事为代表的"硬实力"的竞争日益激烈的同时，以文化为代表的"软实力"的竞争也越来越受到人们的关注和重视。在全球化时代的文化交往中，文化"软实力"发挥着重大作用。从某种意义上说，文化交往中，不同国家文化之间的较量，就是文化"软实力"之间的较量。当今社会，以美国为首的西方发达国家，正是凭借其强大的文化"软实力"而在文化交往中占据主导地位，并对包括中国在内的广大发展中国家，实施文化渗透、侵蚀和同化。为此，我们要在全球化时代的文化交往中扭转被动的局面，变被动为主动，就要自觉加强我国的文化"软实力"建设，为提升我国文化软实力提供支撑。

当代中国文化交往要为提升国家文化软实力提供支撑，就要做到：第一，彰显中华文化独特魅力。中华文明具有五千多年的悠久历史，中华民族在长期的生产和实践中创造了博大精深的璀璨文化。我们要加强中华优秀文化的创新性发展和创造性转化，自觉把中华民族文化中的优秀因子与当代世界文化的发展以及人类文明的进步相协调，在文化交往中把富有永恒魅力、具有当代价值的中华优秀文化精神弘扬起来，不断提高对外文化交流水平，完善人文交流机制，创新人文交流方式，充分彰显中华文化魅力。第二，传播当代中国价值观念。当代中国价值观念即中国特色社会主义价值观念，代表了中国先进文化的前进方向，是对中国特色社会主义道路、理论体系和制度机制的升华和概括。我们要自觉加强当代中国价值观念的宣传阐释，扩展文化交往的平台，把当代中国价值观念融入全球文化交往的方方面面，使世界更好地认知理解中国的价值主张和发展理念，赢得道义力量和广泛认同。第三，塑造中国的国家形象。国家形象作为文化软实力的重要组成部分，是一个国家给国际社会留下的该国家的政治、经济、文化、生活方式以及价值观等综合印象。近年来，随着中国的崛起，以美国为首的西方发达国家基于强者必霸的思维逻辑，从自身的国家利益和价值立场出发，蓄意歪曲中国国家形象，炮制出一系列的中国"威胁"论，给中国的国家形象带来了严重影响。为此，我们要在当代中国文化交往中注重塑造我国的国家形象，向世界充分展示中国经济繁荣、政治稳定、文化和谐、社会稳定、生态文明、民族团结，坚持和平发展、维护世界公平、为世界文化发展和人类文明进步做出贡献的负责任的大国形象。

（三）为人类文明进步贡献力量

纵观人类社会的发展史，异质文化之间的相互交流与碰撞、融合与冲突、学习与借鉴是人类文明发展的一条重要规律。正如罗素所言，不同文化之间的交流过去已经多次证明是人类文明发展的里程碑。这意味着，世界文化是在交流互鉴、取长补短的过程中不断发展壮大的，文明因交流而多彩，文明因互鉴而丰富。

中华文化源远流长，积淀着中华民族最深层的精神追求，代表着中华民族独特的精神标识，其中天人合一的和谐精神、自强不息的进取精神、民惟邦本的民本思想、止于至善的崇高追求等，是中华文化民族精神的重要内容和体现，这些具有恒久价值的文化精神和思想精髓渗入中华民族的灵魂深处，既为中华民族伟大复兴提供了永久势能和不竭动力，又为促进人类文明进步贡献了力量。例如，"己所不欲，勿施于人"的思想、"和而不同"的理念、"天人合一"的精神、"止于至善"的追求、"天下为公"的情怀等，不仅蕴含着人类处理相互关系的普遍原理，也充分彰显了中华文明处理人类难题的独特智慧。

党的十九大指出，中国共产党是为中国人民谋幸福的政党，也是为人类进步事业而奋斗的政党，始终把为人类做出新的更大的贡献作为自己的使命。这意味着，中国共产党不仅是实现中华民族伟大复兴的领导力量，也是人类文明进步的重要力量。当代中国文化交往，既要承担起实现中华民族伟大复兴的历史任务，又要为促进人类文明进步贡献力量。当今世界处于大发展大变革大调整期，世界多极化、经济全球化、社会信息化、文化多样化深入发展，虽然和平与发展仍然是时代的主题，但是，世界面临的不稳定性不确定性因素突出，人类面临许多全球性问题的挑战。特别是2008年以美国为震源的金融危机爆发后，欧美各国相继出现了民粹主义上升、贸易保护主义抬头、经济及社会政治领域民族主义复苏的迹象，全球化出现了退潮现象，即"逆全球化"现象。"逆全球化"现象的出现，无疑给世界未来和人类社会的发展蒙上了一层阴影。

在这个人类社会发展的转折期与关键期，世界向每个国家提出了共同的问题。固守零和博弈还是倡导合作共赢？摒弃单边主义还是弘扬多边主义？推行结盟战略还是遵循伙伴关系？选择彼此孤立还是互联互通？在国际形势纷繁复杂演变的时代背景下，尤其需要构建新的全球经济、政治和文化秩序引领各国凝聚共识，寻求共同发展。中国作为世界上最大的发展中国家，应当为此贡献中国智慧、中国理念和中国方案。

因此，当代中国文化交往实践中，为重塑全球文化交往新秩序贡献力量，积极推动构建合作共赢的全球文化交往新秩序应成为当代中国文化交往战略的重要选择。众所周知，西方发达国家利用其在世界文化交往中的支配地位和主导权，在文化交往中奉行冷战思维、遵循丛林法则、倡导零和博弈，不可否认，这种旧的文化交往秩序中，虽然也存在国家间的合作，但相对于竞争而言合作处于从属地位，质言之，竞争是其主旋律。这种不合理的国际旧秩序极易形成文化交往过程中的某个国家或某些国家的"单赢"或某一方赢得明显比另一方多的格局，可以说，有"合作"，但无共赢，是旧的全球文化交往秩序的主要弊端所在。相对于旧的全球文化交往秩序来说，中国积极推动构建合作共赢的全球文化交往新秩序。正如习近平总书记指出，中国愿同其他国家一起走和谐共生的发展道路。不走对抗的绝路，不走冲突的老路，要走和谐共生的新路，建设一个包容有序的和谐共生世界，是中国对全球文化交往秩序的追求。中国积极推动构建合作共赢的全球文化交往新秩序，通过大力提倡"人类命运共同体"理念，从而确保文化交往符合全球化的大趋势，符合各国人民的根本利益，适应时代的要求；稳步推进"一带一路"倡议，从而确保文化交往真正落到实处，为实现中华民族伟大复兴的中国梦，世界文化的繁荣发展做出贡献；积极提倡"各美其美，美人之美，美美与共，天下大同"的全球文化交往新思路，从而为重塑全球文化交往格局和世界文化生态做出贡献。

二、当代中国文化交往战略的基本原则

当前，中国特色社会主义进入了新时代，中华民族迎来了从站起来、富起来到强起来的伟大飞跃，迎来了实现中华民族伟大复兴的光明前景。但我们必须充分认识到，中华民族伟大复兴，绝不是轻轻松松、敲锣打鼓就能实现的，一方面，中国仍然面临着巨大的"和平演变"和"颜色革命"的风险；另一方面，中国作为社会主义国家、负责任的大国，必须承担起促进世界文化繁荣发展的重任。这就要求当代中国文化交往要坚守中华文化立场，彰显文化交往战略的民族性与主体性；要坚信马克思主义文化观，确保文化交往战略的科学性；要牢牢把握意识形态工作领导权，掌握文化交往的主导权和话语权；要坚持"和而不同"原则，积极构建全球文化交往新生态，促进世界文化繁荣发展。

（一）坚守中华文化立场原则

在全球化时代，多元文化之间的交往与碰撞更加迅速与频繁，但这种广泛而快速的文化交流与碰撞并不能抹平或消除不同文化之间的差异。任何一种文化与其他文化之间进行交往的初衷都只在于取长补短，而不是抹杀自我，趋同他人。然而，近代以来，由于西方列强多次发动了侵略中国的战争，中华民族饱受西方列强的欺凌，在一些民众心中形成了较为严重的文化自卑心态。今天，中国特色社会主义迈进了新时代，中华民族迎来了从站起来、富起来到强起来的伟大飞跃，迎来了实现中华民族伟大复兴的光明前景。这要求我们，在当代中国文化交往实践中必须要"坚守中华文化立场"。"坚守中华文化立场"是党的十九大提出的重大文化命题。党的十九大报告指出，发展中国特色社会主义文化，就是以马克思主义为指导，坚守中华文化立场，立足当代中国现实，结合当今时代条件。"坚守中华文化立场"是对文化自觉的深化、文化自信的提升、文化自强的引

领，其对于推动和构建当代中国文化交往实践具有重要的理论意义和实践价值。

"坚守中华文化立场"，就是遵循中华民族在长期的实践中所产生并发展的共同文化思想、价值观念、思维方式等来分析和处理问题。在当代中国文化交往实践中要"坚守中华文化立场"，就要做到以下几点。

第一，恪守中华文化的主体性。"坚守中华文化立场就是坚持文化的本土性、民族性，以文化的方式增强民族的主体性。"[1]文化的主体性对于一个民族国家的文化交往实践至关重要，只有明确了中华文化的主体性才能拥有跟其他文化交往对话的资格，才有辨别中华文化与其他文化异同的能力，才能在文化交往实践中汲取营养弥补中华文化的不足，进而丰富和发展中华文化。质言之，"就是要在中外文化交流中，坚持以我为主、为我所用的立场和态度，在文化的交流交融交锋中吸收有利于自身的新质因素，最终发展、壮大自己"。[2]

第二，积极建构中国话语体系。话语体系是一个国家文化软实力的集中体现，蕴含着一个国家的文化因子、价值观念和核心理念。"坚守中华文化立场"就是要用中国智慧创造出表达中国思想的话语体系。这意味着，在当代中国文化交往实践中，要讲好中国故事，用中国理论解释中国实践，用中国实践深化中国理论，更加鲜明地展示中国思想，更加自觉地彰显中国智慧，更加响亮地提出中国主张。

第三，大力提倡文化的创新创造性。文化兴则国运兴，文化强则民族强。中华民族的伟大复兴，离不开高度的文化自信与文化的繁荣昌盛。而文化的繁荣昌盛离不开文化的创新创造性，只有激发全民族文化创新创造活力，才能提升民族文化软实力。众所周知，"坚守中华文化立场"，文化传承固然重要，但从文化精神和价值的建构意义而言，文化的创新创造性尤为重要。中华民族曾经在历史上创造出灿烂的中华文化，时代发展要求我们要坚持创造性转化、创新性发展，不断铸就中华文化新辉煌。这

---

[1] 郭凤志.深刻把握坚守中华文化立场的深刻内涵[N].光明日报,2018-1-29(15).
[2] 郭凤志.深刻把握坚守中华文化立场的深刻内涵[N].光明日报,2018-1-29(15).

意味着，在当代中国文化交往实践中，只有坚持中国特色社会主义文化道路，激发全民族文化创新创造力，以社会主义先进文化反映和引领社会主义经济、政治和文化的发展，才能建设好社会主义文化强国。

第四，自觉复兴中华优秀传统文化。习近平总书记指出，中华文化源远流长，积淀着中华民族最深层的精神追求，代表着中华民族独特的精神标识，为中华民族生生不息、发展壮大提供了丰厚滋养。全球化只能带来不同的文化之间更多的交往，却不会取消不同的文化之间的特质与差异，当我们丧失了自己的民族文化，也就是丧失了作为民族性特征的文化主体性。民族文化的沦丧就意味着民族自身的消亡。所以我们应当有复兴中国传统文化的自觉，在全球化时代更应当具有中华民族文化的自觉意识。而且，我们在全球化时代复兴中国传统文化，坚守中国传统文化，并不只在于从自己的民族主体性角度来保持中国传统文化的独特性，更在于中国的传统文化具有西方文化所没有的优秀特质，这为解决由西方文化带来的各种现代性问题提供了经验与启示。在全球化时代，由西方文化带来的资源危机、能源危机、生态危机、伦理危机、价值危机等现代性问题被不断放大和凸显出来，到中华优秀传统文化中汲取智慧去破解西方文化的危机已成为中西方有识之士的共识。因为中华优秀传统文化的诸多理念无不内含着解决现代性问题的伟大智慧，如崇正义、善和合、求同存异、和而不同的处世哲学、重民本的思想，天下兴亡、匹夫有责的担当意识，崇德向善、见贤思齐的社会风尚，敬业乐群、孝老爱亲的美德等。因此，复兴中华优秀传统文化不仅是坚守中华文化立场，挺立中华民族文化主体性的需要，而且是为全球化的美好未来做出重大贡献的需要。

（二）坚信马克思主义文化观原则

全球化时代，马克思主义文化正在经受西方文化的巨大冲击，在某种程度上，"西方化"几乎成了全球化的一个代名词。中国作为一个社会主义国家，怎样从文化层应对西方文化借着全球化的东风而兴起的强大挑战？这自然成为作为主导意识形态的马克思主义不得不面对和思考的问题。质言之，在全球化时代，马克思主义作为中国的主导意识形态受到了西方文化的极大挑战，在这种挑战面前，需要我们坚定对马克思主义文化的自信。这就要做到以下几点。

第一，对马克思主义指导地位的自信。当前世界经济、政治和文化形势不断发展变化，人类社会发展的不确定性增加，各种思潮风起云涌，相互激荡。但我们始终坚信，马克思主义并未过时，仍然处于人类思想发展史的顶峰。正如习近平总书记所指出，无论时代如何变迁、科学如何进步，马克思主义依然显示出科学思想的伟力，依然占据着真理和道义的制高点。因为它科学地回答了资本主义向何处去、人类社会向何处去这个历史之问、世纪之问、当代之问。事实上，只要资本主义基本矛盾没有得到彻底解决，只要剥削制度依然存在，只要人的自由全面发展没有最终实现等人类社会发展重大问题依然存在，那么，马克思主义关于人的全面发展思想、关于历史向世界历史转变的思想、关于"两个必然和两个绝不会"的思想等重大思想，就依然是我们解决和处理各种时代问题的思想纲领和行动指南。恰如习近平总书记所指出的，马克思主义始终是我们党和国家的指导思想，是我们认识世界、把握规律、追求真理、改造世界的强大思想武器。

第二，对马克思主义价值追求的自信。马克思主义始终把消灭阶级剥削，为劳动人民谋幸福，最终实现共产主义作为自己的价值追求。马克思主义之所以要把自己的最终目标设定为实现社会主义与共产主义，就是因为无论社会主义还是共产主义，其本质特征都是为人服务，都是为了实现人的自由全面发展创造一切可能条件。马克思主义认为，"（共产主义是）人的自我异化的积极的扬弃……它是人和自然界之间、人和人之间的矛盾的真正解决，是存在和本质、对象化和自我确证、自由和必然、个体和类之间的斗争的真正解决"。[1]由此可见，共产主义正是因为最符合人的自由全面发展的本质需求才成为马克思的最高追求，也正是马克思主义这种符合人性的本质使其与西方文化传统产生了本质的区别，也使马克思主义被深受中国传统文化影响的中国人所接受而进入中国，并成为指导中国革命、建设和发展的重要指导思想，这也是我们对马克思主义文化观具

---

[1] 马克思.1844年经济学哲学手稿[M].北京：人民出版社，2000：81.

有深度自信的人性根源。

  第三，对中国特色社会主义文化的自信。马克思主义具有与时俱进的理论品质和实践品格，故马克思主义中国化时代化是马克思主义的内在本质要求。中国特色社会主义文化思想是马克思主义中国化时代化的产物和结晶。为此，对中国特色社会主义文化的自信是坚定对马克思主义文化观自信的题中应有之义。习近平总书记指出，坚持不忘初心、继续前进，就要坚持中国特色社会主义道路自信、理论自信、制度自信、文化自信。文化自信是中华民族实现伟大复兴的中国梦的重要精神导引，是民族精神与时代精神的交相辉映，是马克思主义文化观的时代体现。党的十九大报告指出，中国特色社会主义文化，源自中华民族五千多年文明历史所孕育的中华优秀传统文化，熔铸于党领导人民在革命、建设、改革中创造的革命文化和社会主义先进文化。因此，坚持中国特色社会主义文化自信，首先就要坚持对中华优秀传统文化的自信，因为中华优秀传统文化是中华民族的"根"和"魂"，是中华民族在世界文化激荡中站稳脚跟、坚定文化自信的根基和优势；其次就要坚持对革命文化的自信，因为革命文化以其鲜明的政治立场、崇高的价值取向、深厚的群众基础、坚决的奋斗精神为实现中华民族伟大复兴提供强大精神动力；最后就要坚持对社会主义先进文化的自信，因为社会主义先进文化具有鲜明的科学性、时代性和人民性，其是贯通古今、融汇中外的思想文化结晶，代表了人类文化发展的前进方向，契合了人类文化发展的时代诉求，彰显了为了人民、服务人民的文化发展理念。

（三）坚定把握意识形态工作领导权原则

  意识形态工作是党的一项极端重要的工作。意识形态工作领导权问题，关系到我们党的前途命运，关系到我们国家的长治久安，关系到中华民族的伟大复兴。全球化时代将每个民族国家的发展都置于全球性的时空之中，随着经济全球化的快速发展，思想文化领域交流、交融、交锋也日益频繁激烈。不可否认，当前以美国为首的西方发达国家掌握着全球化的主导权，经济上的支配力量衍生出文化权势，故西方文化仍然是当前全球化时代的强势文化，西方文化在世界范围内的传播对中国文化的影响和侵蚀无处不在。为了防范西方国家对我国的和平演变、抵制各种错误思潮的冲击、防止各种矛盾的激化，就必须在全球文化交往中牢牢把握意识形态工作的领导权。

冷战结束以后，以美国为首的西方国家更加注重发挥文化在国家战略中的作用，意识形态渗透尤其成为其推行霸权主义和强权政治的强大手段和工具。以美国为首的西方国家坚信，通过对中国等广大发展中国家进行有目的、有计划和有组织的文化输出与意识形态渗透，就会达到诋毁广大发展中国家的意识形态和价值观念的目的，从而实现"不战而胜"的战略效果。

20世纪末的苏联解体和东欧剧变的发生，近年来"颜色革命"和"阿拉伯之春"的出现，无不令人惊愕，发人深省。不可否认，这些重大事件的发生具有不同的原因，但有一个不容忽视的共同原因，即皆起因于西方国家的西化和分化战略而导致的苏联、乌克兰和突尼斯等国家意识形态防线的崩溃。意识形态作为文化的重要构成部分，是文化软实力的重要支撑，意识形态关系一个民族国家的价值认同、社会和谐、民族团结和国家安宁，是关乎一个民族国家盛衰的重要环节。主流意识形态是一个民族国家文化软实力的重要基石，其不仅决定着一个民族国家文化软实力的强弱，而且事关一个民族国家政权的安危。一个民族国家政权的瓦解往往是从思想文化领域开始的，思想防线一旦被攻破，就会导致整体防线的崩塌。伴随着苏联解体、东欧剧变，西方国家更加热衷于意识形态渗透这一温和手段对社会主义国家进行侵略与迫害。中国作为社会主义国家，在文化传统、社会制度和意识形态等方面与以美国为首的西方国家存在明显的分歧，自然成为其进行文化输出与意识形态渗透的重要目标。为此，以美国为首的西方国家不失时机地抛出了"历史终结论""意识形态终结论""普世价值论""民主社会主义救中国""多党轮流执政"等口号和论断。

近年来，随着中国的崛起，中国在经济、政治和文化等方面取得了举世瞩目的成绩，中华民族迎来了从站起来、富起来到强起来的伟大飞跃，快速发展的中国正日益走近世界舞台的中央。然而，以美国为首的西方国家把日益强大的中国看作对其霸权地位和资本主义主导地位的主要威胁，进而从自身利益出发，奉行冷战思维、遵循霸权逻辑、倡导丛林法则，为了实现遏制中国的战略目的，提出了"中国威胁论""中国责任论""中国崩溃论""中国锐实力论"等论调，大肆渲染"修昔底德陷阱""金德尔伯格陷阱"，在意识形态领域对中国发出严峻的挑战。以美国为首的西方国家竭力宣扬西方的文化思想、价值理念和生活方式，妄图以西方文化同化与分化中国，企图解构中国文化的根基，进而颠覆中国的政治制度和社会制度，以实现其"和平演变"的目的。布热津斯基的"奶头乐战略"（Tittytainment）是以美国为首的西方发达国家和敌对势力对中国进行和平演变和颜色革命的重要战略工具。布热津斯基认为，随着全球化的深入发展，人们之间的贫富差距将日益加剧，全球财富将被20%的社会精英所占有，80%的普通人将被边缘化，为了应对这种"二八"现象，消解80%的普通人的不满情绪，就要给他们嘴里塞上一个"奶头"，使他们在娱乐生活中，慢慢丧失抗争的欲望和思考的能力。随着形势的发展和战略的需要，"奶头乐战略"逐渐从娱乐大众的手段，演化成以美国为首的西方发达国家和敌对势力对中国进行和平演变和颜色革命的重要战略工具。由于目标的隐蔽、手段的多样和危害的深远，"奶头乐战略"损害了中国的文化生态，对中国意识形态领域的侵蚀巨大，对主流价值观产生了重大的影响，特别是对青年人的价值观影响尤甚，其凭借所掌握的传播媒介优势大肆宣扬西方文化和价值观，特别是通过娱乐化操作使青年人丧失了价值判断能力，从而引导青年人以娱乐明星为"偶像"和"英雄"，成为拜星主义者。

为抵消"奶头乐战略"对我国意识形态领域的侵蚀，尤其是防止"奶头乐战略"对青少年价值观的腐蚀和影响，我们必须牢牢把握意识形态工作的领导权，时刻牢记在当代中国文化交往实践中，中国与以美国为首的西方国家之间的利益之争、制度博弈和意识形态竞争等，将是相当长时间内中西文化交往的基本状态，中国仍然面临着巨大的"和平演变"和"颜色革命"的风险。故此，我们必须时刻谨记东欧剧变和各种"颜色革命"的深刻教训，在实现中华民族伟大复兴的中国梦的过程中，要加强对中国特色社会主义核心价值观的弘扬与培育，增强"四个自信"，筑牢意识形态防线，牢牢掌握意识形态领域的主导权和话语权。

（四）坚持"和而不同"原则

在全球文化交往中，为了抵制以美国为首的西方发达国家的文化扩张战略，因此，当代中国文化交往战略要坚守中华文化立场，彰显文化交往战略的民族性与主体性，要坚持牢牢把握意识形态工作领导权，掌握文化交往的主导权和话语权。但同时，我们必须明确，丰富多彩的人类文明都有自己存在的价值。要理性处理中华文明与其他文明的差异，认识到每一个国家和民族的文明都是独特的，坚持求同存异、取长补短，不攻击、不贬损其他文明，促进世界文化的繁荣发展。这就要求，当代中国文化交往战略还需坚持"和而不同"原则。

习近平总书记指出："和而不同是一切事物发生发展的规律。世界万事万物总是千差万别、异彩纷呈的，如果万事万物都清一色了，事物的发展、世界的进步也就停止了。"[1]"和而不同"坚持求同存异，提倡文化的互鉴交流，能够正确处理全球文化交往中文化的本土性与文化的世界性的关系，因此，"和而不同"理应成为我们构建当代中国文化交往战略的原则。

当代中国文化交往战略要坚持"和而不同"原则，就必须做到：一方面，要坚持文化的共生性和共存性，主张不同文化"各美其美，美人之美，美美与共，天下大同"。既反对一方消灭另一方，也反对一方同化另一方。另一方面，要坚持"兼容并包"，"己所不欲，勿施于人"的价值追求，主张对由于文化差异而引起的文化冲突应通过不同文化间的平等对话和沟通来解决，在求同存异中达到"和"的目的。这意味着，当代中国文化交往要在尊重人类文明多样性的前提下，在多元包容的氛围中彼此学习与互鉴，从而促进世界文明的和谐共生。这就要做到要"以文明交流超越文明隔阂、以文明互鉴超越文明冲突、以文明共存超越文明优越，推动

---

[1] 习近平.在纪念孔子诞辰2565周年国际学术研讨会暨国际儒学联合会第五届会员大会开幕会上的讲话[N].人民日报,2014-09-25.

各国相互理解、相互尊重、相互信任"。[1]质言之，当代中国文化交往战略要遵循"和而不同"原则，就既要警惕一味地求同，不能片面强调文化的普遍性而漠视文化的特殊性，避免陷入文化普遍主义的窠臼；又要防止一味地求异，不能片面强化文化的特殊性而忽视文化的普遍性，避免陷入文化相对主义的窠臼。在文化交往中，倡导"和而不同"，就是以承认和尊重差异为基础和前提，以交流互鉴、互相促进为手段，实现求同的目的，最终达成文化共存共生的格局。

三、当代中国文化交往战略的实施策略

当今世界处于大发展大变革大调整期，世界面临的不稳定性、不确定性因素突出，人类面临许多全球性问题的挑战。因此，当代中国文化交往要体现时代性，契合时代发展的诉求；要蕴含世界性，顺应世界发展的潮流；要以习近平新时代中国特色社会主义思想为指导，确保文化交往的社会主义文化的性质和方向；要以"人类命运共同体"理念为依托，确保文化交往不仅要符合全球化的大趋势，更要符合各国人民的根本利益，适应时代的要求，回答人类的关切；要以"一带一路"倡议为载体，确保文化交往真正落到实处，为实现中华民族伟大复兴的中国梦，为世界文化的繁荣发展做出贡献。

（一）契合时代发展的诉求

任何文化都是特定民族在特定历史阶段所创造的产物，因此，文化具有时代性。文化随着时代的转变而转变，是人类文化发展进程中的普遍现象和固有规律。文化交往作为文化存在和发展的主要途径和方式，亦具有时代性。这意味着，不同的时代，赋予了文化交往以不同的任务和使命。从这种意义上说，时代性是我们探究文化交往战略的重要维度。当前，我国社会发展进入了中国特色社会主义新时代，新时代揭示了我国发展新的历史方位，彰显了我们党的道路自信、理论自信、制度自信、文化自信，

---

[1] 习近平.习近平谈治国理政（第二卷）[M].北京：外文出版社，2017：513.

同时也对中国特色社会主义的未来发展提出了全新的、更高的要求。这个"新时代"亦是我们审视当代中国文化交往的重要维度。

就国内而言，当前，我国社会发展进入了中国特色社会主义新时代，新时代揭示了我国发展新的历史方位，彰显了我们党的道路自信、理论自信、制度自信、文化自信，同时也对中国特色社会主义的未来发展提出了全新的、更高的要求。这个"新时代"亦是我们审视当代中国文化交往的重要维度。

中国特色社会主义进入了新时代，这是党的十九大对我国发展的历史方位的全新定位，其意味着近代以来久经磨难的中华民族迎来了从站起来、富起来到强起来的伟大飞跃，迎来了实现中华民族伟大复兴的光明前景。这个新时代具有十分丰富的内涵：其一，这是承前启后、继往开来、在新的历史条件下继续夺取中国特色社会主义伟大胜利的时代。这为我们指明了新时代的中国建设和发展要举什么样的旗、走什么样的路的问题；其二，这是决胜全面建成小康社会、进而全面建设社会主义现代化强国的时代。这为我们明确了新时代要完成什么样的历史任务的问题；其三，这是全国各族人民团结奋斗、不断创造美好生活、逐步实现全体人民共同富裕的时代。这为我们指明了新时代要坚持什么样的发展思想、达到什么样的发展目的的问题；其四，这是全体中华儿女勠力同心、奋力实现中华民族伟大复兴中国梦的时代。这为我们明确了新时代要以什么样的精神状态、实现什么样的宏伟目标的问题；其五，这是我国日益走近世界舞台中心、不断为人类做出更大贡献的时代。这为我们阐明了新时代的中国处于什么样的国际地位、要对人类社会做出什么样的贡献的问题。

这些对新时代内涵的阐释，价值巨大，意义深远，其既是我们夺取新时代中国特色社会主义伟大胜利的政治宣言和行动纲领，又为我们促进当代中国文化交往指明了方向。这意味着，当代中国文化交往要高举中国特色社会主义伟大旗帜，坚定走中国特色社会主义道路，为夺取中国特色社会主义伟大胜利提供智慧；这意味着，当代中国文化交往，要明确自身所承载的历史任务，在全面建成小康社会，进而全面建设社会主义现代化强国过程中贡献力量；这意味着，当代中国文化交往，要有目的自觉性，将自身的发展旨归与全国各族人民团结奋斗、不断创造美好生活、逐步实现全体人民共同富裕的目的结合起来；这意味着，当代中国文化交往，要有明确的目标性，将自身的发展目标与奋力实现中华民族伟大复兴的中国梦结合起来；这意味着，当代中国文化交往，要有人类意识和全球意识，不断为人类社会发展做出更大贡献，促进世界经济繁荣、政治稳定、文化昌盛。

就国际而言，在和平与发展的时代主题下，坚持走和平发展道路应成为当代中国文化交往的战略选择。当今世界处于大发展大变革大调整期，世界多极化、经济全球化、社会信息化、文化多样化深入发展，世界面临的不稳定性不确定性因素突出，人类面临许多全球性问题的挑战。自2008年金融危机以来，国际贸易增长缓慢，世界经济复苏乏力；世界局部地区和国家之间冲突频发，致使一些地区和国家长期处于动荡之中；生态危机、恐怖主义袭击、人口爆炸等全球性问题凸显和加剧；西方国家内部乱象丛生，出现了特朗普当选美国总统、英国脱欧公投等政治"黑天鹅"事件，一些发展中国家效仿西方模式，有的陷入"中等收入陷阱"，有的在"颜色革命"中陷入政治动荡。但不可否认的是，和平与发展仍然是时代的主题。随着全球化的不断发展，世界变得越来越小，各个国家之间的联系愈来愈紧密，真正形成了休戚与共的利益共同体、责任共同体和命运共同体，要和平不要战争，要发展不要贫穷，要合作不要对抗早已成为国际社会的广泛共识。这就要求，当代中国文化交往，要站在维护世界和平与发展的高度，树立全球视野和世界情怀，要有人类意识和全球意识，不断为人类社会发展做出更大贡献，促进世界经济繁荣、政治稳定、文化昌盛。

（二）顺应世界发展的潮流

文化是民族的，更是世界的。在全球化时代，由于各个民族国家之间的文化交往的日益频繁，各个民族国家文化走向世界，是历史发展的必然趋势。文化的世界性和全球化进程的不断深入，要求当代中国文化交往必须确立世界视野、树立世界眼光，自觉把握世界发展的潮流和脉搏。正如习近平总书记指出，我们处在一个全球化的时代，各民族都要注重并且善于吸收其他民族的优秀文化，吸收人类社会的一切文明成果，不断为民族文化发展注入新的活力。

当代中国文化交往要顺应世界发展的潮流，就要做到：第一，要顺应世界发展大势。随着资本在全球的扩张，人类历史进入了"世界历史"阶段，这是马克思对人类历史发展进程和规律的科学洞见。人类历史进入到"世界历史"阶段，使一切国家和民族的历史具有了世界历史的意义，相应地，民族国家文化的发展也具有了世界性。对此，马克思指出："资产阶级，由于开拓了世界市场，使一切国家的生产和消费都成为世界性的了……民族的片面性和局限性日益成为不可能，于是由许多民族的和地方的文学形成了一种世界的文学。"[1] 这要求我们必须将当代中国文化交往置于马克思的"世界历史"的宏观背景下，主动融入世界文化发展的大势中，以更加开放的姿态自觉融入与世界不同民族国家的文化对话交流中，积极构建更加富有生机与活力的世界文化交往的新格局。

第二，要回应时代呼声。习近平总书记指出，人类社会正处在一个大发展大变革大调整时代。世界多极化、经济全球化、社会信息化、文化多样化深入发展，和平发展的大势日益强劲，变革创新的步伐持续向前。各国之间的联系从来没有像今天这样紧密，世界人民对美好生活的向往从来没有像今天这样强烈，人类战胜困难的手段从来没有像今天这样丰富。这就要求，当代中国文化要将自身的发展与当今世界发展的时代要求结合起来，在与其他民族国家文化交往中，博采各个民族国家文化之长，补中华文化之短，将中华民族文化发展的命运与世界和平发展的大势紧密结合起来，使中华民族文化发展之根深深地扎入世界文化土壤中，真切回应世界人民对美好生活的向往。

第三，要为世界发展提供中国方案。当今世界，人类社会发展遇到诸多难题，霸权主义、强权政治依然存在，极端民族主义、民粹主义、保护主义、单边主义不断抬头，地区热点问题此起彼伏，各种传统安全和非传统安全问题还会不断带来新的考验。西方国家内部乱象丛生，英国脱欧公投等政治"黑天鹅"事件，一些发展中国家效仿西方模式，有的陷入

---

[1] 马克思恩格斯选集(第1卷)[M].北京：人民出版社，1995：276.

"中等收入陷阱",有的在"颜色革命"中陷入政治动荡。反观中国则经济繁荣、政治稳定、文化繁荣、社会和谐、人民幸福,成为世界经济增长的动力之源,全球化的新引领者。实践证明,中国特色社会主义道路是一条不同于西方的现代化道路,其为广大发展中国家提供了一条值得借鉴的成功发展之路,为完善全球治理、探索更好的社会制度贡献了中国智慧和力量、提供了中国方案。中华文化既为中华民族生生不息、发展壮大提供了丰厚滋养,也为人类文明进步做出了独特贡献,是全世界共有的精神财富。

随着综合国力的快速提升,中国已成为全球治理的重要参与者、建设者和贡献者,中国在改革和发展的实践中,顺应世界发展潮流,回应时代关切,脚踏实地不断开拓创新,勇担重任,逐渐探索出一套应对和突破全球治理危机和人类发展乱象的中国方案,并由此彰显了坚决拥护经济全球化、贸易自由化和投资便利化的全球化发展的基本立场和态度。中国方案主要体现为:第一,奉行独立自主的和平外交政策。经过改革开放40多年的不懈奋斗,中国在经济、政治、文化、科技、教育、国防等方面取得了举世瞩目的成绩。中国所取得的巨大成绩,靠的不是对外军事扩张和殖民掠夺,而是中华民族的勤劳、勇敢和智慧与中国共产党领导人民走的和平发展道路。中国一贯主张和奉行独立自主的和平外交政策,尊重各国人民自主选择发展道路的权利,维护国际公平正义,反对把自己的意志强加于人,反对干涉别国内政,反对以强凌弱。中国一贯支持和倡导只有各国都走和平发展道路,才能共同发展,国与国之间才能和睦相待与和平相处。第二,推动构建全球伙伴关系。中国倡导国家不分大小、强弱和贫富,在国际事务中都应具有平等的地位和权力。为此,中国致力于维护本国核心利益的基础上,探寻和扩大同各国的利益交汇点,推进大国协调与合作,构建总体稳定、均衡发展的大国关系。中国把建立伙伴关系确定为国家间交往的指导原则,初步构建起遍布全球的伙伴关系网络,为在全球范围内建立平等相待、互商互谅的伙伴关系率先垂范。第三,秉持互利共赢的国际秩序观。互利共赢是中国坚持走和平发展道路的理性选择,是中国在新时代应对各种风险和挑战的智慧之路。在当前的国际关系中,民族利己主义、霸凌主义和狭隘的国家主义等严重影响国际正常秩序，以大欺小、恃强凌弱、干涉别国内政等破坏国际秩序的事件时有发生，这些事件严重破坏了地区的和平与稳定，给国际交往生态带来了严重危害。在全球化时代，要建立利益和谐基础上的国际政治经济新秩序，不能只是少数国家的增长和繁荣，而应该追求世界经济的均衡增长，使各个国家和地区的经济一起驶入互利、双赢和共同繁荣的轨道。中国秉持的互利共赢的秩序观基于国际社会的基本价值共识和人类的良知，主张维护国际正义，秉持公道正义，追求国家间的平等相待，在遵守国际关系基本原则的基础上，共同打造一个包容性增长、持久和平、共同繁荣的国际秩序。

（三）以习近平新时代中国特色社会主义思想为指导

导向问题是一个社会、民族和国家发展的首要问题。确立文化交往的指导思想，是确保当代中国文化交往沿着正确方向发展的根本。在当代中国，文化交往要坚持正确的方向，就是要以马克思列宁主义、毛泽东思想、邓小平理论、"三个代表"重要思想、科学发展观、习近平新时代中国特色社会主义思想为指导。

第一，习近平新时代中国特色社会主义思想具有丰富的科学内涵，为当代中国文化交往提供了思想基础。党的十九大报告指出："经过长期努力，中国特色社会主义进入了新时代，这是我国发展新的历史方位。"[1]这是习近平总书记站在历史、现实和未来相结合的高度对我国社会发展阶段的科学判定。众所周知，一个新时代的到来，总是以新思想、新理论为标志的。中国特色社会主义进入新时代的显著标志，就是产生了习近平新时代中国特色社会主义思想。习近平新时代中国特色社会主义思想是在新的改革、发展和伟大斗争中不断形成的，党的十九大报告将其概括为八个"明确"的鲜活内容和十四个"坚持"的基本方略。八个"明确"的鲜活内容紧紧围绕中国发展的理论和实践需要，清晰阐明了在新时代坚持和发展什么样的中国特色社会主义的重大时代课题，十四个"坚持"的基本方

---

[1] 习近平.决胜全面建成小康社会夺取新时代中国特色社会主义伟大胜利——在中国共产党第十九次全国代表大会上的报告[M].北京：人民出版社，2017: 10.

略具体谋划了怎样坚持和发展中国特色社会主义这一重大时代课题。

这八个"明确"和十四个"坚持"，系统阐述和全面回答了中国特色社会主义进入新时代后，中国共产党所要实现的新目标、完成的新任务、履行的新使命，是习近平新时代中国特色社会主义思想的具体展开和内在逻辑，既具有理论高度，又具有重大的实践价值，是我们科学开展当代中国文化交往的指导原则和行动指南。这就决定了习近平新时代中国特色社会主义思想是社会主义意识形态的旗帜，是我们推进当代中国文化交往的思想灵魂。有了这个思想灵魂，当代中国文化交往才能真正反映新时代中国特色社会主义文化发展需要，实现建设社会主义文化强国的目标，确保社会主义文化的性质和方向。

第二，习近平新时代中国特色社会主义思想蕴含丰富的文化交往思想，为当代中国文化交往提供了理论依据。党的十八大以来，习近平总书记就对外文化交往工作作出了一系列重要论述，形成了丰富成熟的习近平新时代中国特色社会主义对外文化交往思想。这主要包括以下几点。

其一，文化交往要坚持以我为主、兼收并蓄。习近平总书记在党的十九大报告中指出："加强中外人文交流，以我为主、兼收并蓄。""以我为主"就是要做到在对外文化交往中树立中华文化主体意识，以高度的文化自觉意识和强烈的文化自信情感，处理好中华文化与外来文化的关系。"民族文化是一个民族区别于其他民族的独特标识……把继承优秀传统文化又弘扬时代精神、立足于本国又面向世界的当代中国文化创新成果传播出去。"[1]这就要求我们在对外文化交往中，要坚守中华文化立场，把传承中华优秀文化精神和弘扬中华传统文化价值观作为根本的立足点。正如习近平总书记所指出："博大精深的中华优秀传统文化是我们在世界文化激荡中站稳脚跟的根基。"这也意味着在对外文化交往中我们"要坚守中华文化立场、传承中华文化基因、展现中华审美风范，从中华民族的辉煌历史和国家发展的伟大成就中汲取精神力量，增强文化自信，增强讲

---

[1] 创造中国文化新的辉煌，习近平总书记系列重要讲话读本（之六）[N].人民日报,2014-07-09.

好中国故事的底气与底色"。[1]

"兼收并蓄"就是要做到在对外文化交往中怀有"海纳百川，有容乃大"的情怀与胸襟。众所周知，中华传统文化蕴含着非常丰富的内容，既有值得传承和弘扬的优秀文化因子，又有不合时宜的糟粕成分。这就要求我们不能一味地、不加分辨地、不加反思地坚守传统文化的全部内容，而要深入挖掘中华优秀传统文化蕴含的思想观念、人文精神、道德规范，结合时代要求继承与创新，让中华文化展现出永久魅力和时代风采。同时，要积极加强对外文化交往，不断借鉴和学习其他文化中有益于中华文化的成分。正如习近平总书记所指出："对我国传统文化，对国外的东西，要坚持古为今用、洋为中用、去粗取精、去伪存真。"[2]

其二，文化交往要坚持"文明的多样性"。在人类社会的发展史上，文明的多彩多样是一个客观历史现象，正所谓"物之不齐，物之情也"。胡锦涛指出："文明的多样性是人类社会的客观现实，是当代世界的基本特征。"[3]正因为文明的多样性，才使得人类文明之间的交流互鉴成为可能。设想，如果人类文明都是一个模式，那么世界将变得多么枯燥和乏味！因此，文明的多样性，造就了人类生活的多姿多彩，不同的文明都对人类社会的进步做出了自己的贡献，因此在地位上是平等的，并无高低贵贱之分。对此，习近平总书记指出："丰富多彩的人类文明都有自己存在的价值。要理性处理本国文明与其他文明的差异，认识到每一个国家和民族的文明都是独特的，坚持求同存异、取长补短，不攻击、不贬损其他文明。"[4]

其三，文化交往要坚持"和而不同"。习近平总书记指出："和而不同是一切事物发生发展的规律。世界万事万物总是千差万别、异彩纷呈的，如果万事万物都清一色了，事物的发展、世界的进步也就停止

---

[1] 中共中央宣传部.习近平总书记系列重要讲话读本[M].北京：人民出版社，2016：209-210.

[2] 习近平.习近平谈治国理政[M].北京：外文出版社，2014：156.

[3] 胡锦涛.在美国耶鲁大学的演讲[N].中国青年报，2006-04-23.

[4] 习近平.在纪念孔子诞辰2565周年国际学术研讨会暨国际儒学联合会第五届会员大会开幕会上的讲话[N].人民日报，2014-09-25.

了。"[1]这意味着，我们在对外文化交往中，要在尊重人类文明多样性的前提下，在多元包容的氛围中彼此学习与互鉴，从而促进世界文明的和谐共生。这就要做到要"以文明交流超越文明隔阂、以文明互鉴超越文明冲突、以文明共存超越文明优越，推动各国相互理解、相互尊重、相互信任"。[2]

第三，习近平新时代中国特色社会主义思想具有全球视野，赋予了当代中国文化交往以世界情怀。党的十九大报告指出："中国共产党是为中国人民谋幸福的政党，也是为人类进步事业而奋斗的政党。中国共产党始终把为人类作出新的更大的贡献作为自己的使命。"[3]这意味着，中国作为社会主义国家，应该代表世界社会主义运动的发展方向和趋势；中国共产党作为无产阶级政党，应该为世界社会主义运动贡献经验和智慧。习近平新时代中国特色社会主义思想，从全球视野出发，对上述问题进行了积极的回应。党的十九大报告指出："中国特色社会主义进入新时代，意味着中国特色社会主义道路、理论、制度、文化不断发展，拓展了发展中国家走向现代化的途径，给世界上那些既希望加快发展又希望保持自身独立性的国家和民族提供了全新选择。"[4]当今世界格局出现显著变化，2008年以美国为震源的金融危机爆发后，欧美各国相继出现了民粹主义上升、贸易保护主义抬头、经济及社会政治领域民族主义复苏的迹象，特别是以特朗普当选美国总统、英国脱欧公投等"黑天鹅"事件为标志，全球化出现了退潮现象，即"逆全球化"现象。"逆全球化"现象的出现，无疑给世界未来和人类社会的发展蒙上了一层阴影。人们不得不思考，我们是谁、要到何处去？人类社会从哪里来、到哪里去？世界怎么了、我们怎么办等根本问题。"逆全球化"的国际形势客观上需要中国在全球舞台上更

---

[1] 习近平.在纪念孔子诞辰2565周年国际学术研讨会暨国际儒学联合会第五届会员大会开幕会上的讲话[N].人民日报，2014-09-25.

[2] 习近平.习近平谈治国理政（第二卷）[M].北京：外文出版社，2017：513.

[3] 习近平.决胜全面建成小康社会夺取新时代中国特色社会主义伟大胜利[M].北京：人民出版社，2017：57.

[4] 习近平.决胜全面建成小康社会夺取新时代中国特色社会主义伟大胜利[M].北京：人民出版社，2017：10.

加积极作为，提供公共产品。中国作为世界上最大的发展中国家，亦应当为破解"逆全球化"现象贡献中国智慧、中国理念和中国方案。为此，习近平总书记指出，中国"坚持推动构建人类命运共同体……始终做世界和平的建设者、全球发展的贡献者、国际秩序的维护者"。[1]

第四，习近平新时代中国特色社会主义思想倡导正确义利观，奠定了当代中国文化交往的价值基石。义利问题是国际关系实践中的重大问题。全球化时代，国家间的交往呈现出范围广、程度深和频率高等特征，伴随着全球交往的深入发展，国家间的利益冲突复杂而激烈，如何正确面对国家间的利益冲突与合理构建国家间的利益协调机制，迫切需要正确义利观的指导、规范和引领。众所周知，当前以美国为首的西方发达国家在冷战思维、零和思维和非此即彼思维的支配下，大力推行霸权主义和强权政治，奉行重利轻义、见利忘义、损人利己的狭隘利益观，这种重一国或几国之私利而轻国际之大义的做法，不仅进一步造成了国际关系的紧张、增大了国家间利益冲突的风险，而且导致"东西问题""南北问题"和"南南问题"等重大国际问题的愈趋严重。要和平不要战争，要合作不要对抗，是世界各国人民的共同愿望和价值诉求，正确义利观正是对这种共同愿望和价值诉求的理论阐释与实践回应。

正确义利观是习近平新时代中国特色社会主义思想的重要内容之一。正确义利观倡导在民族国家交往中，坚持义利相兼、先义后利。质言之，正确义利观要求我们在国际关系实践中，要注重利，更要注重义。正如习近平总书记所指出，在处理国际事务中要坚持正确义利观，做到义利兼顾，要讲信义、重情义、扬正义、树道义。正确义利观是对国家主权原则的尊重、维护和有益补充，是对以美国为首的西方发达国家狭隘义利观的超越。正确义利观坚持将利与义有机地统一起来，既注重维护国家的核心利益和推动全球共同利益的实现，又注重对国际道义的遵循与国际正义的倡导，其坚决反对以美国为首的西方发达国家所推行的狭隘的民族利己主

---

[1] 习近平.决胜全面建成小康社会夺取新时代中国特色社会主义伟大胜利[M].北京：人民出版社，2017: 25.

义和霸权主义。

正确义利观倡导推动构建互利共赢的利益共同体。正确义利观强调以构建利益共同体为契机，打破强国必霸、新兴大国与守成大国对抗冲突的历史魔咒，以合作共赢思维方式超越冷战思维、零和思维和非此即彼思维方式，大力弘扬合作共赢，主张在追求本国利益时兼顾他国合理关切，着眼于人类的整体利益和长远利益，不断扩大共同利益汇合点，追求实现共同发展、共同幸福，形成守望相助、共同发展的道义追求。正如习近平总书记所指出："各国要树立命运共同体意识，真正认清'一荣俱荣，一损俱损'的连带效应，在竞争中合作，在合作中共赢。"[1]正确义利观倡导推动构建公平正义的国际秩序。在当前的国际关系中，民族利己主义、霸凌主义和狭隘的国家主义等严重影响国际正常秩序，以大欺小、恃强凌弱、干涉别国内政等破坏国际秩序的事件时有发生，这些事件严重破坏了地区的和平与稳定，给国际交往生态带来了严重危害。正确义利观基于国际社会的基本价值共识和人类的良知，主张维护国际正义，秉持公道正义，追求国家间的平等相待，在遵守国际关系基本原则的基础上，共同打造一个包容性增长、持久和平、共同繁荣的国际秩序。

（四）以"人类命运共同体"理念为依托

"人类命运共同体"理念，是习近平总书记在当今世界处于大变革大发展大调整的关键时期，所提出的处理国际关系、构建新型国际秩序的新理念。"人类命运共同体"理念，是对马克思共同体思想的继承和发展，是有效解决全球性问题的新思路，彰显着建构公平正义的新型国际关系和秩序的价值诉求，是习近平新时代中国特色社会主义思想的重要内容和具体体现。

"人类命运共同体"理念的提出，经历了一个逐渐发展的过程。党的十八大以来，习近平总书记，针对"人类命运共同体"发表了一系列讲话，从国家之间的命运共同体，到区域命运共同体，再到人类命运共同体；从利益共同体，到责任共同体，再到人类命运共同体等，逐渐形成了

---

[1] 习近平.习近平谈治国理政[M].北京:外文出版社,2014: 336.

较为系统的"人类命运共同体"理念。总体来看,"人类命运共同体"理念的生成主要分为三个阶段:萌芽阶段,主要标志是党的十七大提出:"十三亿大陆同胞和两千三百万台湾同胞是血脉相连的命运共同体";形成阶段,主要标志是党的十八大提出:"合作共赢,就是要倡导人类命运共同体意识……同舟共济,权责共担,增进人类共同利益";发展阶段,主要标志是党的十九大提出:"坚持推动构建人类命运共同体……始终做世界和平的建设者、全球发展的贡献者、国际秩序的维护者。"

"人类命运共同体"理念的提出,有着深刻的时代背景。其一,随着全球化的深入发展,人类社会出现了许多新情况、新问题,如环境污染、生态恶化、跨国犯罪、网络安全、难民危机、恐怖袭击等,给人类的生存和发展造成了极大的威胁。如何破解这些问题,是摆在各国人民面前的一道难题,由于这些问题带有全球性,因此,单靠一个或几个国家的力量并不能够解决,迫切需要各国联合起来,积极合作、共同面对,在此背景下,倡导"人类命运共同体"理念就显得十分必要。其二,2008年金融危机爆发后,欧美各国相继出现了民粹主义上升、贸易保护主义抬头、经济及社会政治领域民族主义复苏的迹象,全球化出现了退潮现象,即"逆全球化"现象。"逆全球化"现象的出现,无疑给世界未来和人类社会的发展蒙上了一层阴影。"人类命运共同体"理念的提出,可以说是对"逆全球化"现象的有力回击,为人类社会未来的发展亮起了明灯,指明了方向,是中国为破解"逆全球化"现象贡献的中国智慧、中国理念和中国方案。其三,中国作为世界上最大的发展中国家和世界第二大经济体,在世界发展中发挥着越来越大的作用,作为联合国安理会常任理事国,积极推动构建公正合理的国际新秩序,一直是中国的奋斗目标。"人类命运共同体"理念与和平、发展、公平、正义、民主、自由的全人类的共同价值和联合国的崇高目标是高度契合的,因此,打造人类命运共同体,既满足了中国的利益,又符合了世界各国的需要。

"人类命运共同体"理念具有丰富的内涵。"人类命运共同体"理念彰显了一种全球思维、人类意识、整体观念,其核心在于对和平发展、合作共赢的追寻,其本质是构建以合作共赢为核心的新型国际关系。具体而言，"人类命运共同体"理念包括：其一，公正的国际权力观，主张世界上的国家不分大小、强弱、贫富，都享有平等的国际地位及管理全球事务的权利，各国有选择自己国家发展道路的权利；其二，全新的发展观，主张开放创新、包容互惠的发展前景，实现公正的发展、开放包容的发展、可持续的发展；其三，包容互鉴的文明观，主张人类不同文明之间要秉持平等、交流、包容的态度，互相借鉴和学习人类创造的优秀文明成果；其四，合作共赢的义利观，主张摒弃冷战思维、零和博弈，在合作共赢理念下，在竞争中合作，在合作中共赢，维护好人类的整体利益；其五，共同协作的新安全观，主张坚持互利互惠，倡导共同、综合、合作、可持续的安全新理念，努力走出一条共建、共享、共赢的安全之路，积极打造安全共同体。总之，"人类命运共同体"理念高度契合了世界各国求和平、谋发展、促合作、要进步的真诚愿望和崇高追求。其具有丰富的理论内涵，包括公正的国际权力观、全新的发展观、包容互鉴的文明观、合作共赢的义利观、共同协作的新安全观等方面，这些方面相辅相成，缺一不可，形成了一个完整的统一理念体系。从某种意义上说，"人类命运共同体"理念不仅符合全球化的大趋势，更符合世界各国的根本利益，适应了时代的要求，回答了人类的关切。

"人类命运共同体"理念对当代全球化发展具有十分重大的理论意义和实践价值。其一，"人类命运共同体"理念是对马克思"共同体"思想的继承和发展。马克思认为人类"共同体"经历了一个由"天然的共同体"到"虚幻的共同体"再到"真正的共同体"的发展过程。"自由人的联合体"是人类共同体的价值追求，其是人与社会的"真正的共同体"的实现。对此马克思、恩格斯在《共产党宣言》中指出："代替那存在着阶级和阶级对立的资产阶级旧社会的，将是这样一个联合体，在那里，每个人的自由发展是一切人的自由发展的条件。"[1] "人类命运共同体"理念与马克思"共同体"思想具有高度的契合性，其站在全人类的视角，从关怀全人类共同的命运为出发点，积极寻求构建各国彼此"互责"的"责任

---

[1] 马克思恩格斯选集(第1卷)[M].北京：人民出版社，1995：294.

共同体"、"互利"的"利益共同体"、"互联"的"命运共同体",从而达成人类社会共识与共生、共建与共荣、共享与共赢的价值追求。

其二,"人类命运共同体"理念是中华优秀传统文化的时代再现和升华。"人类命运共同体"理念蕴含着丰富的中华优秀传统文化因子。"人类命运共同体"理念所追求的"大同世界""安宁和谐"的价值取向,再现与升华了中国优秀传统文化的"天下主义"与"美美与共"的思想;"人类命运共同体"理念所构筑的尊崇自然、绿色发展的生态体系,再现和升华了中国优秀传统文化的"天人合一""万物一体"的思想;"人类命运共同体"理念所坚守的"包容互惠"的伦理底线,再现和升华了中国优秀传统文化的"己所不欲,勿施于人"的思想;"人类命运共同体"理念所倡导的"求同存异"基本原则,再现与升华了中国优秀传统文化的"和而不同""和合共生"的思想;"人类命运共同体"理念所遵循的"真、实、亲、诚"和"亲、诚、惠、容"的外交理念,再现和升华了中国优秀传统文化的"讲信修睦""协和万邦"的思想;"人类命运共同体"理念所怀有的道德情怀,再现和升华了中国优秀传统文化的"穷则独善其身,达则兼济天下"的思想。

其三,"人类命运共同体"理念是突破全球化困境的一种积极的理论尝试。从总体而言,自冷战结束后,世界进入到真正意义上的全球化以来,一方面,全球化给人类社会发展带来了积极而深刻的变化,其使世界各国经济发展之间的联系越来越紧密,生产日趋一体化,投资、贸易日趋自由化与便利化;另一方面,全球化的负面效应也日益凸显,其也造成了社会贫富分化的加剧、周期性的金融危机和经济危机的爆发。2008年以美国为震源的金融危机爆发后,全球化出现了退潮的现象,即"逆全球化"现象。"逆全球化"现象的出现,表明全球化的发展陷入了困境。世界范围的民粹主义与反全球化思潮的兴起与蔓延,是全球化的发展陷入困境的反映与表达。世界范围的民粹主义与反全球化思潮的兴起与蔓延,事实上表达着人们,特别是西方发达国家中下等收入者对以美国为首的西方发达国家所主导的全球化的不满和反抗。但是,这种不满和反抗却犯了极大的错误,其只看到了失业、下岗、收入减少的现象,却未能洞察到造成这些现象的本质，因此，将这种不满和反抗的矛头指向了"全球化"本身，更有甚者将其自身状况恶化的原因，归结为以中国为代表的发展中国家的崛起，是全球化导致了资本与财富流向了以中国为代表的发展中国家。事实上，造成上述现象的真正原因是以美国为首的西方发达国家所主导的全球化，并不是"全球化"本身。"全球化"从本质上而言，有利于世界各国的经济发展，以及物质财富的增加，至于物质财富如何分配，并不是由"全球化"本身决定的，而是由社会生产方式和生产关系性质决定的。因此，要走出当前全球化所陷入的困境，需要改变和否定的是资本的力量对全球化的主导与支配，而不是"全球化"本身。那么，人们应以什么样的"新全球化"取代以资本的力量主导与支配的全球化，从而为破解当前全球化的困境提供理论支撑，就成了亟待解决的时代难题。"人类命运共同体"理念，正是对这种时代难题的积极回应。"人类命运共同体"理念，批判和抛弃了"美国优先"、零和博弈的思维方式，倡导走共商、共建、共享，"不冲突，不对抗"，合作共赢，包容性发展之路，使每一个国家与民族都能在经济全球化中获得发展，每一个社会成员都能分享到经济全球化带来的利益与好处。总之，"人类命运共同体"理念，呼应了全球化时代的脉动，契合了全球化时代的重大关切，因而是突破以美国为代表的西方发达国家主导的全球化困境的一种积极的理论尝试。

（五）以"一带一路"倡议为载体

2013年9月和10月，习近平总书记先后提出了"丝绸之路经济带"和"21世纪海上丝绸之路"的主张，统称"一带一路"。"一带一路"秉持共商、共建、共享原则，弘扬"和平合作、开放包容、互学互鉴、互利共赢"的丝路精神，积极推动沿线及有关国家通过政策沟通、设施联通、贸易畅通、资金融通、民心相通，寻求优势互补，缩小发展差距，加快区域一体化进程，实现共同发展和繁荣。2017年5月14日，习近平总书记在出席"一带一路"国际合作高峰论坛所发表的主旨演讲中指出，4年来，全球100多个国家和国际组织积极支持和参与"一带一路"建设，联合国大会、联合国安理会等重要决议也纳入了"一带一路"建设内容。"一带一路"建设逐渐从理念转化为行动，从愿景转变为现实，建设成果丰硕。丰硕的成果表明，"一带一路"倡议顺应时代潮流，适应人类社会发展规律，符合世界各国人民利益，具有广阔前景。"一带一路"倡议在弘扬中国特色社会主义文化，实现中华民族伟大复兴的中国梦，推动社会主义文化强国建设中，发挥着巨大的作用，是当代中国文化交往的重要实施路径。

文化是不同国家和民族沟通心灵和情感的桥梁、纽带。在历史上，古代丝绸之路开启了东西方文明交流的盛世；今天，"一带一路"沿线各国历史文化的现代交集和交流共识，正在成为民心相通的重要基础。

我国的"一带一路"倡议旨在寻求国与国关系的最大公约数，是加强国家间全方位合作的"金钥匙"。在与世界各国进行文化交流融通的同时，加强文化产业发展是一个有力抓手。我们应弘扬主旋律，构筑国家文化安全墙；规范产业市场，创新文化品牌；增强核心竞争力，提高文化国际话语权。

其一，产业成熟是实现文化融通的基础。文化融通是经济商贸交流的最终目标。中华文化是中国在世界文化激荡中站稳脚跟的根基。以不同民族文化为代表的文明交流互鉴，已成为以合作共赢为核心的新型国际关系的基础。作为投入少、科技含量高、产出高、影响范围广的新兴产业之一，文化产业的价值早已为世界各国所认可，并成为社会经济发展的重要动力。想要打开世界经济文化交流合作的大门，就必须统一全党思想、凝聚社会共识、高度重视民族文化，充分肯定自身拥有的意识形态领域优势，坚持融通的文化交流理念，在尊重他国的基础上对民族文化的生命力保持高度自信，对中华民族的文化持有发展眼光。

文化融通是产业优化升级的必经阶段。国内文化产业的发展成熟推动经济快速增长，"一带一路"将引领东西方经贸进入新的发展阶段，带动文化交流进一步深入。文化融通要求文化产业的优化升级必须建立在产业成熟的基础之上。文明是多元的。中华文化强调"和实生物，同则不继"，和谐共处而不趋同，这不仅是中华文化流传千年的精髓，更是对外文化交往所坚持的态度。历史上通过丝绸之路"走出去"的茶、丝绸、瓷器等，均带有的浓厚中华文化色彩，也是带动经济发展的潜在动力。文化融通的精髓在于交流双方的深入学习沟通，并且需要成熟的文化产业承担这一重要角色。正如具有民族特色的文化节目是我们对外文化交流中打出的"特色牌",借助传统文化中独具特色的人文因素扩大文化影响十分必要。近年来,随着"古汉语热""诗词热"出现的一系列兼具商业价值和文化价值的文化综艺节目,为如何处理文化和经济之间的关系提供了借鉴。商业因素不能作为忽视文化的挡箭牌,平衡好两者关系是文化产业优化升级的重要基石。

其二,找准优势是实现文化融通的核心。要围绕经济圈建设重点文化产业带,发挥文化融通的优势,就要对自身的文化优势有一个清晰、明确的定位。我们首先必须坚持文化自信,确立文化认同,增强民族文化自豪感,在对外交往中维护好民族文化的尊严。历史证明,中华文化屹立不倒的根源在于包容,中国文化中的"和而不同""兼收并蓄"有着深刻的历史根源,古人坚持追求的"王道"需要通过礼义道德的完善来实现,这与大多数西方国家通过强权和扩张来转移国家发展中的矛盾大相径庭。"一带一路"正是需要继承和发扬古代丝绸之路发展核心中的"融通精神",让文化的交流和融合更加具体、互补,以开放的姿态与世界各国展开友好交往。

如何在全球化浪潮中实现民族文化的崛起?"一带一路"倡议立足我国发展现状,建立了积极主动的对外发展规划。"一带一路"的目标和任务是推进"五通",这是针对经济文化发展现状的现实性而谈的。"政策沟通""设施联通"是政治层面上的"互连";"贸易畅通""资金融通"则是经济层面上的"互助";"民心相通"则是文化、社会、民生层面上的"互补"。"民心相通"是不同文明之间的相互交流与借鉴,是文明成果的共享、文化价值的共通。从这个层面上来看,"一带一路"文化交流所体现出的自觉性、主动性都是史无前例的突破。"民心相通"是"五通"的最高层次,这意味着把文化层面的沟通交融作为国家对外交流的重要途径。这对于中国数千年的文化发展史来说,是真正意义上的"走出去",是具有集合效应的文化交流,是立足于中华文化的"融通"特性而实现文化交流的创举,更是各国之间实现共赢的载体。

其三,构筑国家文化安全墙,打造文化创新品牌,提高文化国际话语权。维护国家意识形态文化安全，既要加强文化安全的相关法律制度建设、抵制外国不良文化的侵蚀，也要弘扬主旋律，增强民族文化自信，练就民族意识形态的"金钟罩"。我们应充分认识当下以意识形态竞争为主要内容的文化环境，增强国家、人民群众的文化安全意识，完善国家意识形态文化安全法制体系，尤其要重视网络文化安全，建立健全网络文化监督机制。此外，还要建立国家意识形态文化安全机构，在复杂的国际文化安全局势中维护好国家的意识形态文化安全。在强化民族文化意识形态方面，要积极迎合"互联网+"的发展趋势，牢牢把握舆论阵地的领导权，以社会主义核心价值观为主体、以优秀传统思想文化为补充，宣传正能量、弘扬主旋律。

规范产业市场，打造文化创新品牌。在重点文化产业带的建设过程中，独具文化特色的企业是重要载体。面对国内文化产业存在的创新流于形式、文化品牌缺失等现状，我们既要规范产业市场，给文化适度"降温"，又要鼓励支持优秀的文创企业和具有显著地方文化特色的城市发展创新，从政策上支持引导文化企业走出去。积极引导企业文化创新，就要鼓励企业借力优秀传统文化，立足自身发展状况，打造知名文化品牌；城市建设上，则要立足自身优势，在尊重历史文化的基础上挖掘文化价值。如近年来特色小镇建设工作在全国范围内展开，以历史文化、民俗风俗、传统建筑、特色工艺为着力点进行文化内涵拓展，推动文化产业和旅游产业的融合发展，促进经济的可持续健康增长。

增强核心竞争力，提高文化国际话语权。习近平总书记在哲学社会科学工作座谈会上的讲话中指出："我们不仅要让世界知道'舌尖上的中国'，还要让世界知道'学术中的中国''理论中的中国''哲学社会科学中的中国'。"增强文化核心竞争力、提高文化国际话语权，关键在于创新。我国文化产业以"加工制造"为主，重技术、轻内容，缺乏原创性产品，因而有必要坚持"内容为王"的原则，从传统文化中汲取营养，推动中国动漫、游戏、影视等行业的创新发展，讲好"中国故事"；开拓现代化文化传播渠道，打造国际化的文化传播平台，利用新型传播技术，创新传播方式，发挥国家主导、市场主体的积极作用，推进中外文化交流合作，着力打造以"孔子学院""中国文化节""中法文化年"等为代表的中华文化教育和宣传平台；发挥民间文化组织力量，推进中外民间文化交流；鼓励中国哲学社会科学走出去，聚焦国际社会共同关注的问题，促交流、共合作，增强学术话语权。

总之，经济制度的改革落实在经济特区和重点经济圈的划分和建设，有力推动了中国特色社会主义经济的持续发展，而文化的复兴和崛起也离不开重点文化产业带的确立，我们应以此为契机，促进我国与世界各国的文化交流融通，带动经贸圈与文化带的健康发展。

结　语

　　文化是一个既古老，又常新的话题。言其古老是指，文化是与人类相伴而生的，从人类诞生的那天起，文化就规约着人类的生活；言其常新是指，文化是与人类相随而发展的，文化总是与人类的实践活动相联系，并随着人类实践活动的发展而不断丰富自身的内涵。文化交往作为表征人类生存和发展的方式，作为文化的重要存在样态，在人类历史发展的过程中，发挥着不可替代的作用。正如罗素所言，不同文明之间的交流已经证明是人类文明发展的里程碑。希腊学习埃及，罗马借鉴希腊，阿拉伯参照罗马帝国，中世纪的欧洲又模仿阿拉伯，而文艺复兴时期的欧洲则仿效拜占庭帝国……，到了十七、十八世纪，西方又曾吸收过印度文化和中国文化。[1]

　　众所周知，任何文化的存在和发展都离不开其所处的时代，作为文化重要存在样态的文化交往亦不能例外。为此，时代性是我们研究和探讨文化交往问题的重要视角和维度。当前人类社会发展进入了全球化时代，全球化无疑是我们观照文化交往问题的重要视阈或语境。如何认识全球化时代的文化交往，就成了我们亟待解决的重大问题。正如约翰·汤姆林森所指出："我们这个时代所经历的，由全球化所描绘的巨大的转型式进程，除非从文化的概念性词汇入手，否则就很难得到恰如其分的理解。"[2]

　　本书顺应人类社会进入全球化这一时代背景，以马克思主义为指导，

---

[1] 转引自汤一介.新轴心时代的中国文化定位[M].北京：社会科学文献出版社，2003：5.
[2] 约翰·汤姆林森.全球化与文化[M].郭英剑，译.南京：南京大学出版社，2002：1.

坚持问题导向,从历史和现实相贯通、国际和国内相关联、理论和实际相结合的宽广视角,对全球化视阈下文化交往战略问题进行了较为深入系统的研究与探讨。本书认为,冷战结束后,民族国家间的文化交往,主要是由以美国为首的西方发达国家主导的,因而,这就无可避免地使全球化时代的文化交往打上了鲜明的资本主义印记,从这种意义上看,全球化成为西方化或美国化的代名词。在全球化时代,伴随着世界多极化、经济全球化、信息网络化的迅猛发展,各民族国家和地区之间合作和交往的范围和程度上都实现了前所未有的扩大。众所周知,全球化是一把双刃剑,广大落后的发展中国家在吸收和借鉴西方发达国家先进的生产技术和管理经验的同时,西方发达国家大量地向落后的发展中国家输出其思想文化和价值观念,致使文化霸权主义盛行,对世界文化格局和文化生态造成了严重影响。

本书认为,当今世界处于大发展大变革大调整期,世界多极化、经济全球化、社会信息化、文化多样化深入发展,虽然和平与发展仍然是时代的主题,但是,世界面临的不稳定性不确定性因素突出,人类面临许多全球性问题的挑战。特别是2008年以美国为震源的金融危机爆发后,欧美各国相继出现了民粹主义上升、贸易保护主义抬头、经济及社会政治领域民族主义复苏的迹象,全球化出现了退潮现象,即"逆全球化"现象。"逆全球化"现象的出现,无疑给世界未来和人类社会的发展蒙上了一层阴影。中国作为世界上最大的发展中国家,应当为此贡献中国智慧、中国理念和中国方案。为此,本书以全球化为切入点,分析了冷战结束后,以美国为首的西方发达国家文化交往战略的本质、存在的弊端和面临的挑战等问题。并在此基础上,探讨了当代中国文化交往的战略抉择问题。

本书尝试性地提出了以习近平新时代中国特色社会主义思想为指导,以"人类命运共同体"理念为依托,以"一带一路"倡议为载体的较为完整与系统的当代中国文化交往战略构建体系,从而力求实现当代中国文化交往战略的指导思想的科学性、理念的合理性、载体的可靠性,为全球化时代文化交往战略构建提供新思路。本书认为,"人类命运共同体"理念,批判了"美国利益优先"的原则,摒弃了零和博弈的思维方式,倡导走共商、共建、共享，"不冲突，不对抗"，合作共赢，包容性发展之路，使每一个国家与民族都能在经济全球化中获得发展，每一个社会成员都能分享到经济全球化带来的利益与好处。"人类命运共同体"理念，呼应了全球化时代的脉动，契合了全球化时代的重大关切，因而是突破以美国为代表的西方发达国家主导的全球化存在的弊端与困境的一种积极的理论尝试。

  这里需要明确指出的是，无论是从理论上还是从实践上而言，关于文化交往战略问题的研究都是一个十分广阔而深邃的课题，全球化时代的文化交往战略问题波及的问题极其复杂，同时，对于文化交往战略问题的研究亦是一项长期和系统的工程，需要紧跟时代发展的新要求、新形势、新变化不断思考和探索。本书研究虽已竭尽所能，但所做的研究只能说是对文化交往战略问题研究的一种尝试，本书还存在很大的拓展空间，尚有诸多不足之处，在今后的学习中一定不断深入思考、继续探求下去。

参考文献

经典文献：

[1] 马克思恩格斯选集（第1—4卷）[M]. 北京：人民出版社, 1995.

[2] 马克思恩格斯全集（第30卷）[M]. 北京：人民出版社, 1997.

[3] 马克思恩格斯全集（第3卷）[M]. 北京：人民出版社, 1995.

[4] 马克思恩格斯全集（第19卷）[M]. 北京：人民出版社, 1963.

[5] 马克思恩格斯全集（第21卷）[M]. 北京：人民出版社, 1965.

[6] 马克思恩格斯全集（第23卷）[M]. 北京：人民出版社, 1972.

[7] 马克思恩格斯全集（第31卷）[M]. 北京：人民出版社, 1998.

[8] 马克思恩格斯全集（第42卷）[M]. 北京：人民出版社, 1979.

[9] 马克思恩格斯全集（第46卷）[M]. 北京：人民出版社, 1979.

[10] 马克思. 1844年经济学哲学手稿[M]. 北京：人民出版社, 2000.

[11] 列宁选集（第1—4卷）[M]. 北京：人民出版社, 1995.

[12] 毛泽东选集（第1—4卷）[M]. 北京：人民出版社, 1991.

[13] 邓小平文选（第1—3卷）[M]. 北京：人民出版社, 1993、1994.

[14] 江泽民文选[M]. 北京：人民出版社, 2006.

[15] 胡锦涛. 坚定不移沿着中国特色社会主义道路前进为全面建成小康社会而奋斗[M]. 北京：人民出版社, 2002.

[16] 中共中央宣传部理论局. 奋力谱写共筑中国梦的新篇章——学习习近平总书记一系列重要讲话文章选[M]. 北京：人民出版社, 2013.

[17] 习近平. 决胜全面建成小康社会夺取新时代中国特色社会主义伟大胜利[M]. 北京：人民出版社, 2017.

[18] 党的十九大报告辅导读本[M]. 北京: 人民出版社, 2017.

[19] 中共中央宣传部. 习近平总书记系列重要讲话读本[M]. 北京: 学习出版社, 2016.

[20] 习近平. 习近平谈治国理政[M]. 北京: 外文出版社, 2014.

[21] 习近平. 习近平谈治国理政(第二卷)[M]. 北京: 外文出版社, 2017.

[22] 国际形势与中国外交.[M]. 北京: 人民出版社, 2015.

[23] 社会主义文化强国建设.[M]. 北京: 人民出版社, 2015.

学术著作:

[1] 约翰·汤姆林森. 全球化与文化[M]. 郭英剑, 译. 南京: 南京大学出版社, 2002.

[2] 杰姆逊. 全球化的文化[M]. 马丁, 译. 南京: 南京大学出版社, 2002.

[3] 马克斯·韦伯. 新教伦理与资本主义精神[M]. 于晓, 等译. 北京: 三联书店, 1987.

[4] 齐格蒙特·鲍曼. 共同体[M]. 欧阳景根, 译. 南京: 江苏人民出版社, 2003.

[5] 齐格蒙特·鲍曼. 全球化——人类的后果[M]. 郭国良, 等, 译. 北京: 商务印书馆, 2001.

[6] 戴维·赫尔德. 全球大变革——全球化时代的政治、经济与文化[M]. 杨雪冬, 等译. 北京: 社会科学文献出版社, 2001.

[7] 马丁·阿尔布劳. 全球时代[M]. 高湘泽, 译. 北京: 商务印书馆, 2001.

[8] 星野昭吉. 全球政治学: 全球化进程中的变动、冲突、治理与和平[M]. 刘小林, 译. 北京: 新华出版社, 2000.

[9] 弗兰西斯·福山. 历史的终结和最后之人[M]. 黄胜强, 等译. 北京: 中国社会科学出版社, 1986.

[10] 赫尔德·特施密特. 全球化与道德重建[M]. 柴方国, 译. 北京: 社会科学文献出版社, 2001.

[11] 鲁思·本尼迪克特. 文化模式[M]. 张燕, 等译. 杭州: 浙江人民出版社, 1987.

[12] 哈拉尔德·米勒. 文明的共存——对塞缪尔·亨廷顿"文明冲突论"的批判

[M].郦红,等译.北京:新华出版社,2002.

[13]丹尼尔·贝尔.资本主义文化矛盾[M].赵一凡,等译.北京:三联书店,1989.

[14]恩斯特·卡希尔.人论[M].甘阳,译.上海:上海译文出版社,1985.

[15]斯宾格勒.西方的没落[M].北京:商务印书馆,1963.

[16]安东尼·史密斯.全球化时代的民族与民族主义[M].龚维斌,等译.北京:中央编译出版社,2002.

[17]基辛格.当代文化人类学概论[M].北晨,译.杭州:浙江人民出版社,1986.

[18]赖纳·特茨拉夫.全球化压力下的世界文化[M].吴志成,等译.南昌:江西人民出版社,2001.

[19]霍克海默.批判理论[M].重庆:重庆出版社,1989.

[20]马尔库塞.现代文明与人的困境[M].上海:上海三联书店,1989.

[21]兹比格涅夫·布热津斯基.大抉择——美国站在十字路口[M].王振西,译.北京:新华出版社,2005.

[22]罗尔斯.正义论[M].何怀宏,译.北京:中国社会科学出版社,1988.

[23]詹姆逊.现代性、后现代性和全球化[M].北京:中国人民大学出版社,2004.

[24]爱德华·萨义德.东方学[M].王宇根,译.北京:三联书店,1999.

[25]爱德华·萨义德.文化与帝国主义[M].李琨,译.北京:三联书店,2003.

[26]托马斯·哈定.文化与进化[M].韩建军,等译.杭州:浙江人民出版社,1999.

[27]乔纳森·弗里德曼.文化认同与全球性进程[M].郭建如,译.北京:商务印书馆,2003.

[28]伊曼纽尔·沃勒斯坦.现代世界体系[M].罗荣渠,译.北京:高等教育出版社,1998.

[29]安东尼·吉登斯.现代性的后果[M].田禾译.南京:译林出版社,2000.

[30]安东尼·吉登斯.现代性与自我认同[M].赵旭东,译.北京:三联书店,1998.

[31]萨姆瓦.跨文化传通.[M]陈南,等译.北京:三联书店,1998.

[32]罗·霍尔顿.全球化与民族国家[M].倪峰译.北京:世界知识出版社,2006.

[33]约翰·斯道雷.文化理论与通俗文化导论[M].杨竹山,等译.南京:南京大学出版社,2001.

[34]阿尔君·阿帕杜莱.全球文化经济中的断裂与差异[M].汪晖,陈燕谷主编.北京:三联书店,1998.

[35]马文·哈里斯.文化人类学[M].李培荣,等译.北京:东方出版社,1988.

[36]塞缪尔·亨廷顿.文化的重要作用——价值观如何影响人类进步[M].程克雄,译.北京:新华出版社,2001.

[37]拉兹洛.多种文化的星球[M].北京:社会科学文献出版社,2001.

[38]大卫·雷·格里芬.后现代科学[M].马季方,译.北京:中央编译出版社,1995.

[39]博厄斯.人类学与现代生活[M].北京:华夏出版社,1999.

[40]塞缪尔·亨廷顿.文明的冲突与世界秩序的重建[M].周琪,等译.北京:新华出版社,2002.

[41]安东尼奥·葛兰西.狱中杂记[M].曹雷雨,等译.北京:中国社会科学出版社,2000.

[42]菲利普·巴格比.文化:历史的投影[M].夏克,等译.上海:上海人民出版社,1987.

[43]马林诺夫斯基.科学的文化理论[M].黄建波,等译.北京:中央民族大学出版社,1999.

[44]斯图尔特.解析全球化[M].王艳莉,译.长春:吉林人民出版社,2003.

[45]斯塔夫里阿诺斯.全球通史——1500年以前的世界[M].吴象婴,梁赤民,译.上海:上海社会科学院出版社,1988.

[46]联合国教科文组织.世界文化报告:文化的多样性、冲突与多元文化[M].关世杰,等译.北京:北京大学出版社,2002.

[47]拉里·A.萨姆瓦,理查德·E.波特,雷米·C.简恩.跨文化传通[M].陈雷,龚光明,译.北京:三联书店,1988.

[48] W. 布列钦卡. 教育科学的基本概念[M]. 上海: 华东师范大学出版社, 2002.

[49] 维克多·埃尔. 文化概念[M]. 康新文, 晓文, 译. 上海: 上海人民出版社, 1988.

[50] 梁漱溟. 东西文化及其哲学[M]. 北京: 商务印书馆, 2003.

[51] 贺麟. 文化与人生[M]. 北京: 商务印书馆, 2002.

[52] 张岱年, 程宜山. 中国文化精神[M]. 北京: 北京大学出版社, 2015.

[53] 张岱年. 文化与哲学[M]. 北京: 中国人民大学出版社, 2006.

[54] 汤一介. 新轴心时代的中国文化定位[M]. 北京: 社会科学文献出版社, 2003.

[55] 费孝通. 文化与文化自觉[M]. 北京: 群言出版社, 2010.

[56] 余英时. 文史传统与文化重建[M]. 北京: 三联书店, 2004.

[57] 殷海光. 中国文化展望[M]. 北京: 中国和平出版社, 1988.

[58] 陈筠泉, 刘奔. 哲学与文化[M]. 北京: 中国社会科学出版社, 1996.

[59] 李连科. 价值哲学引论[M]. 北京: 商务印书馆, 2001.

[60] 俞可平. 全球化时代的马克思主义[M]. 北京: 中央编译出版社, 1998.

[61] 俞可平. 全球化与政治发展[M]. 北京: 社会科学文献出版社, 2003.

[62] 俞可平. 全球化时代的"社会主义"[M]. 北京: 中央编译出版社, 1998.

[63] 俞可平. 全球化的悖论: 全球化与当代社会主义、资本主义[M]. 北京: 中央编译出版社, 1998.

[64] 苏国勋, 张旅平, 夏光. 全球化: 文化冲突与共生[M]. 北京: 社会科学文献出版社, 2006.

[65] 桂翔. 文化交往论[M]. 北京: 人民出版社, 2011.

[66] 胡海波, 郭凤志. 马克思恩格斯文化观研究[M]. 北京: 中国书籍出版社, 2013.

[67] 种海峰. 时代性与民族性——全球交往格局中的文化冲突问题研究[M]. 北京: 中国社会出版社, 2011.

[68] 李佩环. 全球化时代的文化交往及其走向[M]. 广州: 世界图书出版公司, 2013.

[69] 张世鹏. 全球化与美国霸权[M]. 北京: 北京大学出版社, 2004.

[70] 韦森. 文化与秩序[M]. 上海: 上海人民出版社, 2003.

[71] 朱炳元. 全球化与中国国家利益[M]. 北京: 人民出版社, 2001.

[72] 何顺果. 人类文明的历程[M]. 北京: 高等教育出版社, 2000.

[73] 田丰. 文化进步论: 对全球化进程中的文化的哲学思考[M]. 广州: 广东高等教育出版社, 2002.

[74] 王宁. 全球化与文化: 西方与中国[M]. 北京: 北京大学出版社, 2002.

[75] 张冀. 文化与当代国际政治[M]. 北京: 人民出版社, 2003.

[76] 李其庆. 全球化与新自由主义[M]. 桂林: 广西师范大学出版社, 2003.

[77] 杨雪冬. 全球化: 西方理论前沿[M]. 北京: 社会科学文献出版社, 2002.

[78] 郑晓云. 文化认同论[M]. 北京: 中国社会科学出版社, 2008.

[79] 郭镇之. 全球化与文化间传播[M]. 北京: 北京广播学院出版社, 2004.

[80] 沈福伟. 中西文化交流史[M]. 上海: 上海人民出版社, 1985.

[81] 蔡拓. 当代全球化问题[M]. 天津: 天津人民出版社, 1994.

[82] 李鹏程. 当代文化哲学沉思[M]. 北京: 人民出版社, 1994.

[83] 邹广文. 当代文化哲学[M]. 北京: 人民出版社, 2007.

[84] 赵林. 人类文明的演进[M]. 北京: 东方出版社, 1998.

[85] 夏建中. 文化人类学理论学派[M]. 北京: 中国人民大学出版社, 1997.

[86] 傅铿. 文化: 人类的镜子[M]. 上海: 上海人民出版社, 1990.

[87] 范进. 康德文化哲学[M]. 北京: 社会科学文献出版社, 1996.

[88] 舒杨. 当代文化的生成机制[M]. 北京: 中央编译出版社, 2007.

[89] 张旭东. 全球化时代的文化认同[M]. 北京: 北京大学出版社, 2005.

[90] 郑广永. 论文化的超越性[M]. 哈尔滨: 黑龙江人民出版社, 2005.

[91] 李惠斌. 全球化与现代性批判[M]. 桂林: 广西师范大学出版社, 2003.

[92] 孙晶. 文化霸权理论研究[M]. 北京: 社会科学文献出版社, 2004.

[93] 魏明德. 全球化与中国[M]. 北京: 商务印书馆, 2002.

[94] 刘曙光. 全球化与反全球化[M]. 长沙: 湖南人民出版社, 2003.

[95] 刘伟胜. 文化霸权概论[M]. 石家庄: 河北人民出版社, 2000.

[96] 李德顺, 孙伟平, 孙美堂. 精神家园: 新文化论纲[M]. 哈尔滨: 黑龙江教

育出版社, 2010.

[97] 李江涛. 当代文化发展新趋势研究[M]. 北京: 中央编译出版社, 2009.

[98] 车美萍. 全球化与当代中国文化形态[M]. 济南: 山东大学出版社, 2009.

[99] 李百玲. 晚年马克思恩格斯交往观研究[M]. 北京: 中央编译出版社, 2009.

[100] 郭湛. 主体性哲学[M]. 昆明: 云南人民出版社, 2002.

[101] 朱汉民, 杜维明. 文明的冲突与对话[M]. 长沙: 湖南大学出版社, 2001.

[102] 刘康. 全球化与民族化[M]. 天津: 天津人民出版社, 2002.

[103] 刘登阁. 全球文化风暴[M]. 北京: 中国社会科学出版社, 2000.

[104] 金民卿. 文化全球化与中国大众文化[M]. 北京: 人民出版社, 2004.

[105] 邹广文. 人类文化的流变与整合[M]. 长春: 吉林人民出版社, 1998.

[106] 杨生平, 叶险明. 全球化进程中文化问题探究[M]. 北京: 中国社会科学出版社, 2010.

[107] 于沛. 全球化和全球史[M]. 北京: 社会科学文献出版社, 2007.

[108] 王晓德. 美国文化和外交[M]. 北京: 世界知识出版社, 2000.

[109] 许纪霖. 全球正义与文明对话[M]. 北京: 人民出版社, 2004.

[110] 郭凤志. 德育文化论[M]. 北京: 中国社会科学出版社, 2008.

[111] 陈文殿. 全球化与文化个性[M]. 北京: 人民出版社, 2009.

[112] 李金齐. 全球化时代的文化安全[M]. 北京: 中国社会科学出版社, 2008.

报纸期刊:

[1] 费孝通. 反思·对话·文化自觉[J]. 北京大学学报(哲学社会科学版), 1997(3).

[2] 费孝通. 弘扬优秀传统, 实现"文化自觉"[J]. 中华文化论坛, 1998(4).

[3] 费孝通. 关于"文化自觉"的一些自白[J]. 学术研究, 2003(7).

[4] 汤一介. 关于文化问题的几点思考[J]. 学术月刊, 2002(9).

[5] 汤一介. 文化交流与人类文明进步[J]. 中国文化研究, 2002(3).

[6] 乐黛云. 多元文化发展与跨文化对话[J]. 民间文化论坛, 2016(5).

[7] 乐黛云. 论传统及其变异——基于跨文化对话的视角[J]. 探索与争鸣,

2012(2).

[8] 乐黛云. 全球化趋势下的文化多元化[J]. 深圳大学学报(人文社会科学版), 2000(1).

[9] 乐黛云. 文化自觉与中西文化会通[J]. 河北学刊, 2008(1).

[10] 丁立群. 全球化的文化选择[J]. 哲学研究, 2008(11).

[11] 丁立群. 普遍价值：全球化背景下多元文化选择的新坐标[J]. 社会科学战线, 2015(7).

[12] 丰子义. 全球化与当代社会发展新变化[J]. 高校理论战线, 2012(8).

[13] 丰子义. 全球化与民族文化的发展[J]. 哲学研究, 2001(3).

[14] 李德顺. 全球化与多元化——关于文化普遍主义与文化特殊主义之争的思考[J]. 求是学刊, 2002(2).

[15] 李德顺. 论多元文化主体的权利[J]. 社会科学战线, 2010(3).

[16] 李鹏程. 21世纪东西方跨文化对话的哲学问题和前景[J]. 南方论丛, 2002(1).

[17] 李鹏程. 文化与相对主义[J]. 中国人民大学学报, 2007(6).

[18] 万俊人. 经济全球化与文化多元论[J]. 中国社会科学, 2001(2).

[19] 叶险明. "文化全球化"辨析[J]. 河北学刊, 2001(4).

[20] 叶险明. 对全球化的一种主体性思考[J]. 哲学研究, 2007(2).

[21] 俞可平. 现代化和全球化双重变奏下的中国文化发展逻辑[J]. 学术月刊, 2006(4).

[22] 俞可平. 论全球化与国家主权[J]. 马克思主义与现实, 2004(1).

[23] 郭凤志. 深刻把握坚守中华文化立场的深刻内涵[N]. 光明日报, 2018-1-29(15).

[24] 郭凤志. 习近平文化自信思想发展脉络研究[J]. 人民论坛·学术前沿, 2017(21).

[25] 刘鹤, 郭凤志. "一带一路"：文化融通之路[J]. 人民论坛, 2017(22).

[26] 郭凤志. 文化自信思想的理论蕴涵和实践要求[J]. 红旗文稿, 2017(9).

[27] 郭凤志. 文化自信的战略意蕴.[N]. 光明日报, 2016-11-16(13).

[28] 郭凤志. 中国文化语境下自由价值观话语发展的历史逻辑[J]. 湖北社会

科学,2015(12).

[29] 郭凤志.当代中国价值观念的文化自信[N].光明日报,2015-8-5(13).

[30] 郭凤志.马克思主义的理论蕴涵与现实意义[J].思想教育研究,2014(3).

[31] 邹广文.论文化的多元取向与逻辑归一[J].思想战线,2010(3).

[32] 邹广文.全球化时代文化软实力建构路径[J].人民论坛,2014(8).

[33] 邹广文.全球化时代如何守护文化多样性[J].人民论坛,2015(1).

[34] 邹广文.中国传统文化的当代绽放——论文化互联互通的重要时代意义[J].学术前沿,2015(3).

[35] 邹广文.走向世界的中国,需要怎样的大国心态[J].人民论坛,2016(8).

[36] 邹广文.文化哲学视域下的人类命运共同体研究[J].学术前沿,2017(6).

[37] 邹广文.时代需要怎样的"文化保守主义"情怀[J].人民论坛,2012(1).

[38] 王来金.论全球交往对世界文化生态的影响[J].首都师范大学学报(社会科学版),2006(3).

[39] 钟淑洁.全球化时代的文化价值选择[J].长白学刊,2002(6).

[40] 倪志娟.全球化时代的文化交往与文化整合[J].青海师范大学学报(哲学社会科学版),2006(4).

[41] 王公龙.文化主权与文化安全[J].探索与争鸣,2001(9).

[42] 韩源.全球化背景下维护我国文化安全的战略思考[J].毛泽东邓小平理论研究,2004(4).

[43] 吴满意.中国文化安全面临的挑战及其战略选择[J].当代世界与社会主义,2004(3).

[44] 朱传荣.试论面向21世纪的中国文化安全战略[J].江南社会学院学报,1999(1).

[45] 朱世杰.当代国家关系中的文化博弈[J].国际问题研究,2001(2).

[46] 李存秀.论全球化背景下西方的文化殖民主义[J].学术交流,2002(6).

[47] 康晓光.文化民族主义论纲[J].战略与管理,2003(1).

[48] 赵汀阳.认同与文化自身认同[J].哲学研究,2003(7).

[49] 丁立群.文化全球化:价值断裂与融合[J].哲学研究,2000(12).

[50] 王鹏权.构建新型国际关系消除世界和平赤字[J].红旗文稿,2017(21).

[51]张程.治理赤字的思想根源及化解之道[J].红旗文稿,2017(17).

[52]李德顺.全球化与多元化——关于文化普遍主义与文化特殊主义之争的思考[J].求是学刊,2002(2).

[53]杨生平,张慧慧.全球化背景下恐怖主义的文化反思[J].江汉论坛,2009(6).

[54]任平.交往实践观:全球正义论的哲学视域[J].思想战线,2007(6).

[55]肖琴.全球化时代文化交流的哲学思考[J].湖南行政学院学报,2007(6).

[56]唐踔.文化全球化时代民族文化面临的机遇和挑战[J].文化学刊,2010(6).

[57]吴飞.与他人共在:超越"我们""你们"的二元思维[J].新闻与传播研究,2013(10).

[58]应小敏.中西文化交往中的对话与全球化挑战下的整合[J].贵州民族研究,2005(2).

[59]周德刚.资本强制下的文化交往与文化全球化的铺开[J].湖南师范大学社会科学学报,2008(6).

[60]马新晶.资本与交往———全球化视野下人类交往的哲学考察[J].哲学动态,2009(1).

[61]刘煜昊,张文雅.信息时代文化交往的困境及其和谐拓展[J].江西社会科学,2016(4).

[62]张晓芒.文化交往中的公理问题[J].南开学报(哲学社会科学版),2005(3).

[63]任思奇,徐静涵."一带一路"倡议意义深远[J].人民论坛,2017(5).

[64]吴志成."一带一路"倡议与全球治理变革[J].天津社会科学,2017(6).

[65]张春."一带一路"倡议与全球治理的新实践[J].国际关系研究,2017(2).

[66]高飞."一带一路"打造中国外交新图景[J].人民论坛,2017(5).

[67]李伟."一带一路"发展中的民族交流与核心价值认同[J].齐鲁学刊,2016(1).

[68]吴云贵."一带一路"建设与文明对话互鉴[J].世界宗教文化,2016(3).

[69]陈曙光."一带一路":中国与世界[J].教学与研究,2017(11).

[70]付再学.一带一路建设中对外文化交流机制研究[J].人民论坛,2016(4).

[71] 顾海良. 历史视界 时代意蕴 理论菁华——习近平新时代中国特色社会主义思想研究[J]. 当代世界与社会主义, 2017(6).

[72] 金民卿. 全面领会习近平新时代中国特色社会主义思想[J]. 人民论坛, 2017(11).

[73] 包心鉴. 习近平新时代中国特色社会主义思想的理论主题、科学内涵和鲜明特质[J]. 国外理论动态, 2017(11).

[74] 田克勤. 习近平新时代中国特色社会主义思想形成的现实基础[J]. 国外理论动态, 2017(11).

[75] 张永红. "人类命运共同体"理念的生成、价值与实现[J]. 思想理论研究, 2017(8).

[76] 徐艳玲, 李聪. "人类命运共同体"视域下全球化与制度变迁的双向互动[J]. 理论学刊, 2017(3).

[77] 李建嵘. 构建人类命运共同体的中国选择[J]. 学术探索, 2017(5).

[78] 王欣. 关于人类命运共同体理念探微[J]. 思想理论教育导刊, 2016(9).

[79] 左凤荣. 加强文化和文明交流打造人类命运共同体[J]. 人民论坛, 2017(10).

[80] 李梦云. 建设人类命运共同体的文化构想[J]. 哲学研究, 2016(3).

[81] 张静. 论习近平人类命运共同体思想对中华传统文化的传承与超越[J]. 学术论坛, 2017(4).

[82] 叶小文. 人类命运共同体的文化共识[J]. 新疆师范大学学报(哲学社会科学版), 2016(6).

[83] 张继龙. 人类命运共同体视角下文化自信构建的辩证考察[J]. 湖湘论坛, 2017(5).

[84] 邹广文. 人类命运共同体与文化自信的心理建构[J]. 中国特色社会主义研究, 2017(4).

[85] 邹广文. 文化哲学视域下的人类命运共同体研究[J]. 学术前沿, 2017(12).

[86] 曹绿. 以马克思世界历史理论审视人类命运共同体[J]. 思想理论研究, 2017(3).

[87] 石仲泉. 党的指导思想的历史性飞跃与习近平新时代中国特色社会主义思

想[J].毛泽东邓小平理论研究,2017(10).

[88]陈金龙.关于习近平新时代中国特色社会主义思想的若干思考[J].思想理论教育,2017(12).

[89]田江太.论人类命运共同体的文化维度[J].河南大学学报(社会科学版),2018(4).

[90]姜丽.构建人类命运共同体视野下的跨文化交流[J].当代世界,2018(7).

[91]唐志龙.文化自信推动人类命运共同体建设的价值考量[J].文化软实力研究,2018(5).

学位论文：

[1]王金来.全球化视野下的民族文化[D].北京:中国人民大学,2001.

[2]走应云冲.突与融合——关于全球化的文化解读与伦理浅析[D].长沙:湖南师范大学,2003.

[3]姚登权.全球化与民族文化——一个马克思主义哲学视角的考察[D].上海:复旦大学,2004.

[4]沈洪波.全球化进程中的国家安全问题研究[D].济南:山东大学,2005.

[5]万是明.全球化时代中国特色社会主义文化建设[D].武汉:华中师范大学,2006.

[6]姜秀敏.全球化时代的国家关系研究[D].长春:吉林大学,2006.

[7]崔婷.全球化背景下的当代中西文化交流问题研究[D].济南:山东大学,2006.

[8]刘志国.全球化背景下中国传统文化的现代转换[D].济南:山东大学,2007.

[9]包仕国.全球化进程中中国文化安全的衍进与重构[D].上海:华东师范大学,2007.

[10]李凤英.文化全球化:一体与多样的博弈[D].北京:首都师范大学,2007.

[11]魏海香.论作为现象、进程与趋势的文化全球化[D].北京:首都师范大学,2007.

[12] 张晓辉. 全球化视角下的中西方文化关系研究[D]. 长春: 吉林大学, 2008.

[13] 张冉. 文化自觉论[D]. 武汉: 华中科技大学, 2010.

[14] 郝良华. 美国文化霸权与中国国家安全[D]. 济南: 山东大学, 2012.

[15] 王文凯. 全球化视阈下中国现代化道路研究[D]. 北京: 中共中央党校, 2013.

[16] 沈红宇. 当代中国文化软实力问题研究[D]. 北京: 中共中央党校, 2013.

[17] 董岩. 经济全球化基本问题研究[D]. 长春: 吉林大学, 2013.

[18] 钟星星. 现代文化认同问题研究[D]. 北京: 中共中央党校, 2014.

[19] 陶蕾韬. 多元文化背景下的价值冲突与价值认同[D]. 北京: 北京交通大学, 2015.

[20] 齐峰. 西方文化帝国主义理论研究[D]. 长春: 吉林大学, 2015.

[21] 任思奇. 中国特色社会主义文明交往理论研究[D]. 成都: 电子科技大学, 2017.

[22] 蔡后奇. 哲学视域下的"文化自觉"思想研究[D]. 大连: 大连理工大学, 2017.

后　记

　　七年，弹指一挥间。此刻似乎可以为博士学习生活画上一个句号了。做学问是一个痛苦并快乐的过程，其中既有百思而不能脱茧的苦恼，也有突获些许感悟时的欣喜。回顾写作的历程，可谓尝尽了各种滋味。写到思如泉涌之兴奋、遇到言语枯竭之苦闷、碰到关键问题之冥想、忽而重获茅塞顿开之感悟，这林林总总的味道交织成一杯多味的美酒，令我沉迷陶醉一场思维的洗礼，令我重获新生。其间滋味，只有自知，可谓人生的一种宝贵的历练。回首求学之路，有苦有甜，但不变的始终是一颗无怨无悔的求学之心。此时此刻，有太多的谢意要表达，有太多的感动难以忘怀。在此，希望能向我敬爱之人表达一下内心的感激之情。

　　感谢我敬爱的导师郭凤志教授。论文的形成凝聚着您的无数心血，从论文的选题到论文的开题再到论文的写作修改，您以丰厚的学识与广阔的视野不断给予我鼓励与敦促，并在百忙之中对论文加以多次审阅与精心修改。辛劳如斯，师恩难忘。几年来，您一直如母亲般关心着、爱护着我的成长，您给予我的悉心指导和教育，是我这一生中最宝贵的财富。您严谨的治学态度、一丝不苟的工作作风，将督促我在今后的工作岗位上严格要求自己，绝不辜负您的期望。您宽厚无私的心胸、积极乐观的人生态度，也将是我人生道路上的明灯，指引我在困难面前永不放弃自己的追求。

　　感谢张澍军教授。感谢您一直以来对我的学习、生活、工作的关怀与指导。作为我读硕士期间的导师，是您引导着我扣开了学术殿堂的大门，是您以治学严谨、平易近人的学风和作风为我树立了学习和生活的榜样，是您的支持和鼓励使我坚定了读博的信心，您的言传身教将使我终身受益。感谢王立仁教授、赵继伦教授、齐晓安教授、吴宏正教授、胡海波教授在论文开题和预答辩中给予我的指导。

感谢我的亲人。我的丈夫与我一起分享了读博期间的酸甜苦辣,他主动承担起了繁重的家务和照顾父母的责任,使我能够静下心来潜心学习和研究,这使我对他充满了无限的感激和深深的谢意。感谢我的父母对我始终如一的爱、期望与情感支持。

"路漫漫其修远兮,吾将上下而求索"。学无止境,我以此自勉。关于文化交往问题的研究是一个难度很大的课题,虽然我已经尽力,但因我自身的学识和能力有限,本书必定存在不少纰漏、不足甚至错误,有些观点和想法也需要进一步推敲,恳请理论界和学界的前辈和同仁不吝赐教。